1 小舅舅婚禮，我（左一）、爸爸（左四）與媽媽娘家

2 過年家族一起到皇宮附近拜拜，我與堂妹合影

3 與表妹參加三舅婚禮

4 姊妹假期出遊

5 經常和最好的同學出遊

6 同學出遊，那時也有愛漂亮注重打扮的一面

2

3

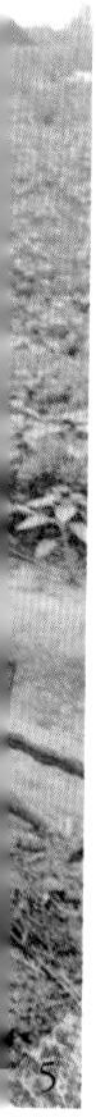
5

6

7

1 攝於新房
2 婚禮當天下午，夫妻拍外景
3 新郎和伴郎合影
4 攻讀碩士期間，回柬埔寨吳哥窟做研究
（東南亞藝術）

5 帶女兒出遊
6 第一胎時，媽媽來台探親出遊
7 婚禮宴客、迎賓，新娘和伴娘合影

5 和孩子一起認識原住民部落文化

6 推動修農會法前，探訪農業新移民需求

1 推動的台鐵多語售票機正式啟用
2 參與鐵道文化教育（新移民家庭）
3 莫拉克風災後，帶領青年和新移民到部落義剪
4 多元文化角落書櫃，到全國各地設立多語繪本區及國際志工，由新移民擔任國際志工協助校園推動

2

3

7

8

9

10

7 帶孩子和新移民家庭一起到大甲火車站當志工

8 為每一次的質詢做好功課，從不敢鬆懈

9 碩士班畢業，子女陪同合照，學習路上也要與孩子共同成長

10 立法院前受訪拍攝

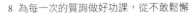

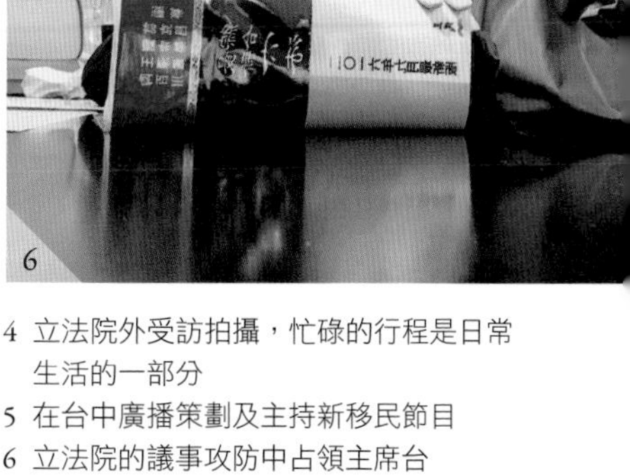

1 2020 元旦升旗
2 在立法院邀請跨黨派與東協加印度成立國會友好，幫中華民國拓展外交
3 在地方推動藉由輕鬆方式分享國際常識
4 立法院外受訪拍攝，忙碌的行程是日常生活的一部分
5 在台中廣播策劃及主持新移民節目
6 立法院的議事攻防中占領主席台

1 第一天立法院開議，女力報到，與同黨同事們共同打拚

2 在立法院院會第一次發言，一次比一次精進

3 共邀內政部、衛福部討論，如何解決未納入健保的懷孕移民問題

4 台美國會議員交流，跨黨派立委訪美

新台灣精神

林麗蟬——口述
李麟——採訪、撰稿

林麗蟬——
從柬埔寨到台灣的文化融合與在地耕耘

推薦序
台灣新移民的燈塔
溫暖的鄰家女孩林麗蟬

朱立倫（中國國民黨主席）

數百年來，台灣是諸多移民的新故鄉，每個人都有不同的來處、背景與人生故事，其中一些人不只為自己與家庭打拚，更提升了新家園的整體面貌，麗蟬就是這樣一個人。

永遠記得二〇一五年的十月，我打給麗蟬，邀請她進入國會為新移民朋友盡一份心力時，麗蟬或許是被嚇到了，竟在電話裡問我是不是「經常上電視的那位國民黨主席朱立倫？」

說來有趣，從麗蟬進入立法院後，經常上電視的根本不是我，而是第一場質詢就用流利台語驚豔全場的麗蟬。上任不到十個月，她就開了超過二十場公聽會，成功推動《國籍法》部分條文修法，讓新移民朋友在台灣落地生根更便利。在電視機前的我和不少台灣人一樣，一次次被麗蟬圈粉、一次次被麗蟬為這塊土地的付出感動。

從柬埔寨到台灣，麗蟬從集父母寵愛於一身的掌上明珠，到盡心操持家務、扶養兒女有成的新移民母親；從在自家社區積極服務長者和推廣新移民文化，到入選全國十大傑出青年、行政院青年顧問，成為中華民國史上第一位新移民立委，這本書是屬於麗蟬的個人奮鬥史，也映照出成千上萬個新移民朋友來到台灣的打拚身影。

這本書記錄了麗蟬溫暖鄰家女孩的形象背後，那些面對艱難依然沉著堅毅的時刻、那些燃燒自己、照亮別人的時刻。在我和許多人眼中，麗蟬就是台灣五十五萬新移民朋友的希望燈塔。

今天的台灣社會已逐漸走向開放、包容，在乎平等與公義，但我們都知道，社會上一些對於新移民、特別是對新移民女性的傳統偏見甚至歧視，至今仍未完全消除，更何況在九〇年代末期來台的麗蟬，當時需要面對多大的壓力與眼光……？

我印象最深刻的，是麗蟬提到她一開始只能用潮州話和家人勉強溝通，台語逐漸流利後，卻又在擔任兒女學校的「讀書媽媽」志工時碰到講國語的挑戰。身為初到異鄉的失語者，麗蟬從未退縮，她堅持一班一班講故事，更運用敏捷的心思，改用融合柬埔寨文化的趣味問答跟小朋友互動，結果大受歡迎。她成了小朋友眼中最受歡迎的大姐姐——那位來自柬埔寨的讀書媽媽，更是兒女心中的驕傲。

書中一個接一個的人生故事，最讓我佩服的，是麗蟬的毅力和永不放棄的精神。

於自我精進，為了「不當兒女眼中的文盲」，麗蟬竟在還沒熟悉國語的情況下報考大學，並順利克服困難、在三十六歲那年完成大學學業，就任立委時也持續於台南和台北兩地來回跑，攻讀博士班。

於地方服務，麗蟬在大二時就成立「新移民發展與交流協會」，即使被官員嗆聲：「外籍新娘能做些什麼」，她也從不灰心。

於公共參政，麗蟬當立委時，把全國新移民朋友都當成自己的選民、自己的家人來服務，即使行程滿檔，麗蟬仍每個月回到移民署彰化服務站當通譯志工，全心幫助新移民融入台灣社會。

回顧自己二十多年的從政生涯，若要排序最讓我驕傲的前十大決策，肯定有提名麗蟬擔任不分區立委。無論是否身居要職，麗蟬都對新移民社群全心全意的付出，持續為來到台灣的新移民朋友能獲得更安穩的生活、更平等的待遇而奮鬥，也讓新移民二代的孩子能更沒有壓力地傳承父母的文化，為台灣充實多元文化的軟實力。

曾有人說，「台灣猶如萬頃波濤中的一條小船，隨著海浪起伏而顛簸上下。」但只要船上的所有人都能夠「同舟共濟」，無論波濤多麼驚險，我們總能安穩航向明天。

透過這本書，能親身參與麗蟬的人生奮鬥、共同見證新移民社群在台灣的茁壯，這是我的榮幸。在麗蟬身上看見的堅毅不屈、堅持為他人付出的這股能量，令我深深感動。這正是我們需要的新台灣精神。

推薦序
發揮王道精神，帶領新移民與台灣社會攜手共創價值

施振榮（十大傑出青年當選人聯誼會前會長）

認識本書作者林麗蟬委員，是因為作者是第一個當選「十大傑出青年」的新移民，當時我是十大傑出青年當選人聯誼會的會長，她以「社會服務」帶領新移民姊妹經營偏鄉社區，服務老人與小孩，看到一個遠從柬埔寨嫁來台灣的新移民，長期致力於協助新移民融入台灣社會，實在令人佩服。

作者是台灣第一個新移民立法委員，長期從事族群工作，關懷移民與移工、婦女兒童、僑外生、移民二代、跨國人才培育……等等社會議題，她卸任立委後積極籌辦「移民政策研究基金會」，投入關注「移民政策」、「人口政策」的研究。

我相信「一代會比一代強」，新移民在融入台灣社會後，新移民二代更是擁有「跨語言」、「跨文化」、「跨血緣」優勢的「新台灣之子」，未來新移民二代在擁有雙語、三語的語言及跨文化優勢下，成為台灣拓展國際貿易或推動南向政策的重要跨國人才。

作者一路走來也經歷許多人生波折，從富家女到經歷父親意外離世，家道中落後嫁來台灣相夫教子，不懂中文的她為了孩子的教育重拾書本進入大學，圓了大學夢，同時完成美容美髮乙丙級技術證照、社工資格，並拿到非營利組織研究所NPO經營管理碩士。

後來進入立法院擔任立委的同時，還能堅持繼續學習，在暨大東南亞系攻讀博士學位，在立委任內更是首先提出《國籍法》修正案並順利獲得朝野黨團的支持，解決因法令時空背景造成「無身分、無國籍」者的國際人球問題，她一路走來的努力相當受到外界肯定。

此次作者將她「從柬埔寨到台灣」的人生經歷與讀者分享，帶給我們許多啟發與激勵，值得推薦給讀者參考，也期許作者持續發揮王道精神，帶領新移民與台灣社會繼續共創價值，走出一條新路來。

推薦序
湄公河畔的女孩林麗蟬——新移民的引路人，女力的典範

林書煒（POP Radio 聯播網台長／主持人）

臉書營運長桑德伯格在《挺身而進》（Lean In）一書中留下許多至理名言，其中一段是這麼寫道：「當你有權利，請試著為群體發聲並做出改變；當你有能力，請試著為更好的未來做出行動。」

不同於桑德伯格之於美國社會的主流背景，今日我為之作序的作者林麗蟬不僅沒有主流顯赫的背景，甚至還長期處於「外配」的歧視壓力之下，麗蟬沒有被現實壓垮，她一路為自己的人生挺進，為新移民孩子挺進，更為許許多多身在台灣的移民配偶不斷奮力向前挺進！林麗蟬二十多年來，從一句台語、中文都不會說，到取

得大學學歷、國立大學碩士學位、再到攻讀博士，長期從事社區志工服務，並且成為台灣第一位新移民立法委員！她的勵志故事就是不斷的 **Lean In** 挺身而進的最佳典範！

因為自己長年從事媒體工作，也長期關注女性議題，對於國會殿堂出現一位「女性新移民立委」也不免會多加關注。猶記得當屆立法委員報到日，麗蟬帶著新移民姊妹們一起走紅毯，站在質詢台上毫不畏懼的操著流利台語質詢行政院長的畫面，讓人對她印象深刻；而後有機會訪問麗蟬，見到她在立法院短短四年有成，包括：台鐵靠站廣播多了新移民語，新移民多語通譯人員也順利進駐台鐵車站；推動通過「新住民導遊檢定培訓計畫」，不僅輔助新移民就業，也為觀光產業貢獻心力；尤其麗蟬對促修《國籍法》的奔走與努力，更是讓人敬佩！我一直相信，台灣是可愛善良的移民島嶼國，對於不同文化要彼此理解與尊重；文化更沒有階級之分，只有差異之別！

順道一提，麗蟬在書中提到她與父親的父女情深尤其讓人動容！父親在麗蟬高中時過世，自此家道中落，她就糊裡糊塗地嫁來台灣，「家事、工廠、生產……所有的事我一肩扛，旁人都不免好奇，來自異鄉的我，國語一竅不通，一切從頭學起，怎能承受這樣的壓力？」「我有個很奇特的紓壓方式，就是在夜深人靜時，對著過世的父親訴苦，就好像電影《第六感生死戀》中，跨越陰陽界的交流，只不過男女主角由情侶換成了父女。爸爸安慰我，只要堅持下去，在台灣的日子會愈來愈順遂，很快就會有苦盡甘來的一天。」麗蟬說，這樣與爸爸的「對談」，竟長達十年之久，這是一位堅毅孤單的女子在異鄉最大的心靈支持！但這一切的辛苦困難都一路向前挺進了！自稱天生「憨膽」的林麗蟬，一路往前衝，意外開啟她人生不同階段的精彩篇章，也更堅定她的信念，要以一生的使命為念：組織智庫規劃台灣的移民政策！

祝福麗蟬，繼續釋放無與倫比的女力之路吧！

自序

林麗蟬

我是唐人、柬埔寨人、台灣人、更是中華民國國民

我阿嬤是唐人，媽媽是柬埔寨人，而我是台灣人，女兒則是在美國學習讀書打拚的中華民國國民。柬埔寨語中對華人的稱呼就是「唐人」，沒有華人這個詞，所以是哪裡人，很重要嗎？認同落地生根生長的土地最重要。

從少女到少婦

我還是少女時就嫁到台灣，如今生活在台灣的時間，比在柬埔寨還長，我熱愛這塊土地，也珍惜每一次遇到的挑戰，每突破一個關卡，我總會默默地給自己鼓

勵：「林麗蟬你很棒，繼續加油！」但也不忘提醒自己高興一下下就好，保持「謙虛」、「積極」求學的心態，生命就是不斷的面對挑戰，哪怕下一個關卡會更難，我還是會勉勵自己繼續加油。

人生就是一路的驚奇與驚喜

本來以為「女人」的一生，就是結婚生小孩，然後好好教養兒女，想不到我竟然去念了大學，還一路念到博士班，更想不到的是，單純進入社區當志工，卻一路向上，成了「立法委員」，也很榮幸能在立委任期四年中，為上百萬的移民朋友在國會請命，監督政府重視新移民問題，保障移民的相關權益，同時也向社會各界人士大力呼籲，支持多元文化及跨語言的人才的培育，與台灣國際競爭力發展息息相關。

友善包容和諧開放廣納人才

不管是政府部門或民間社會，唯有建立起友善包容、和諧開放的主流價值，中華民國才能真正落實對「人權」及對「人才」的重視。而這個目標是我的終身志業，也督促政府應該公開許諾廣納移民人才。四年立委任期中，我跟志同道合的立委，一起完成了不少艱鉅任務，包括修正《國籍法》，讓想要申請歸化中國民國籍的移民朋友，免去成為「無國籍人球」的風險，可以安心的申請當個台灣人。

推動陸外配權益平衡與宣傳投票提升民主素養

此外，我更致力推動陸外配權益平衡，讓大家能享受公平的基本人權，成為真正的一家人，不會因為身分背景有所不同，被迫接受不合理的差別待遇。不僅為陸配在工作權上的限制爭取解套，也極力為新移民朋友們，開創能有效提升勞動條件的法律環境。推動全國性模擬投票以及用多國語言來宣傳投票須知，則是我們在參政權上為新移民努力的足跡。

懷孕納保才能守護媽媽保護孩子

依照現今的法規，移工上班工作的第一天就可以納入全民健康保險，而懷孕的新移民媽媽，卻要等入境滿六個月才能納保，是十分不合理的規定，爭取懷孕新移民納入健保或申請替代健保的同等補助，更是我們要保護新移民媽媽及新台灣之子的決心。

和台灣人一樣的「新台灣精神」

我們和台灣人沒什麼不同，一樣在工作，一樣養家顧孩子，在為這塊土地付出的同時，也滋長出密不可分的認同感與歸屬感，士農工商全台各地都有新移民為台灣「打拚」的身影，大家不該再有新移民是「外人」的刻板印象，因為我們和台灣人一樣努力。麗嬋希望藉由「新台灣精神」邀請大家重新認識新移民族群，協助政府建構完整的移民政策，讓每一位生活在這塊土地的人，都能在美麗的寶島安居樂業。

前言
令人驚豔的新台灣媳婦

李 麟

在媒體工作三十年，採訪過不少奇人異事，決定幫麗蟬寫這本書，主要原因是她總是令人驚奇，多次顛覆了我的觀念，不禁要動筆，將她的精采故事與大家分享。

我大學念英文系，退休後在外商工作，一直想不懂，台灣許多學生從小念英文，小學到大學，至少念了十多年，怎麼見到老外還是開不了口？麗蟬學中文的過程，讓我找到了答案，她嫁到台灣時，一個中文字也看不懂，也沒學過注音符號，更不會說中文。為了盡快融入夫家，只能硬著頭皮，學著用台語跟家人溝通，就這樣練出了流暢的國台語雙聲帶，最後還念了博士班。

麗蟬的經驗頗有啟發性，語言的聽說與讀寫能力，往往無法劃上等號；台灣一直想成為雙語國家，但英文教學模式，多年來始終從字母、音標入門，筆試著重閱讀、文法，學生開口的機會太少，就算考試拿高分，遇到外國人還是會心生恐懼，寧可三緘其口。我在外商也有同樣的體會，有些外籍人士旅台數十年，可以說得一口流利中文甚至台語，可是中文閱讀就頗為吃力，可能只認得幾個字，更別說用中文書寫。台灣現今的英語教學模式，教出大批學生看得懂卻不敢講，想成為像新加坡、香港這樣的雙語國家，首要任務是營造讓學生樂於開口說英文的環境，才不會永遠是紙上談兵。

「台灣最美的風景是人」這句話想必大家耳熟能詳，到外商工作，接觸許多外籍人士後，開始能體會到麗蟬的感受——台灣有許多政策，對新移民並不友善，甚至有「排外」之嫌。舉個簡單的例子，年滿六十五歲的長者，搭乘大眾運輸工具，可享有半票優惠；但台灣大約有二千五百名持有永久居留證的「老外」長輩，多因不願放棄原本國籍，未能申請歸化，無中華民國身分證，即使年滿六十五歲，搭車仍得買全票，否則就得經過嚴格的審核，證明有「重大貢獻」，才能破例享有優惠。

這些外籍長輩在台灣打拚數十年，甚至在此成家立業，不少人還成了台灣女婿或媳婦，他們始終搞不懂，跟大家一樣每年如實納稅，為何會有如此的差別待遇？幾經溝通，目前台北、高雄、台南、桃園市長已先後同意，讓轄區內持永居證的外籍長者，可換發敬老卡，搭公車、捷運可以享半票優惠，但中央的高鐵與台鐵仍有待克服，也讓外籍長輩大歎「半票之路」竟然如此波折！

美國建國二四五年，能維持國力不墜的關鍵，在於能廣納各方移民，成為民族大熔爐；德國總理梅克爾二〇一五年面對移民危機，無畏國內的反對聲浪，接納逾百萬人移民德國，讓全球讚許她厚植根基的遠見。台灣人口已出現負成長，正式邁入高齡化的社會，新移民絕對是未來國家成長的重要動能，期待麗蟬能繼續努力，協助制定符合國情的移民政策，讓台灣成為全球首屈一指的宜居樂土。

目錄 CONTENTS

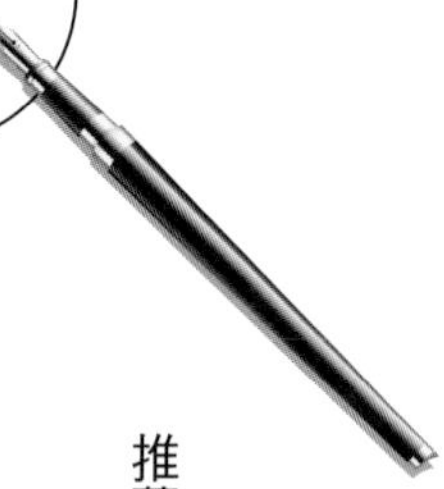

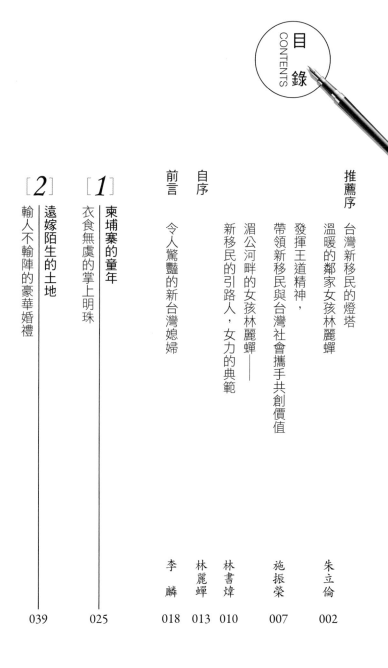

[1]

柬埔寨的童年——衣食無虞的掌上明珠

我經常被問起，為何會由柬埔寨嫁到台灣？自由戀愛是目前婚姻的主流，許多人聽到我的終身大事竟是緣自於一場相親，前後只花了二小時，就敲定我要跟著首次見面的另一半到台灣，都會覺得不可思議。想理解這段夢幻似的婚姻，要從我的柬埔寨娘家說起。

我們家的祖籍是中國大陸潮州，祖母那一代搬到柬埔寨，算起來我算是第三代柬埔寨華人，早年因為家鄉謀生不易，潮州鄉親出外經商的很多，我們家族的親戚，幾乎遍及全球。潮州人似乎特別有經商的天分，香港首富李嘉誠出生在潮洲，小時候因為對日戰爭，隨父母移居香港，建立舉世聞名的長江集團，算是「潮州幫」的指標人物。除了李嘉誠之外，大陸騰訊集團創辦人馬化騰也是潮洲子弟、蟬連泰國首富多年的正大集團董事長謝國民，祖籍也是潮洲，難怪外界形容潮洲是個低調卻生產富豪的城市。

即使離鄉背景，潮洲鄉親對出生地仍有濃厚的認同感。在網路上可以找到李嘉

誠說潮洲話的影片，甚至他的潮洲口音英文，也被香港媒體認為是一大特色。祖母即使在柬埔寨生活了數十年，潮洲話依然是她主要的溝通工具，更堅持全家人在家裡都說潮洲話，因此在我們柬埔寨的家中，完全聽不到柬埔寨語。

我嫁到台灣之初，因為完全沒學過中文，就靠肢體語言與潮洲話的單字，與丈夫、公公溝通，兩個小孩因為我的教導，加上幾次到柬埔寨探親與親戚們交流，耳濡目染下也學會了潮洲話，一個地區性的語言，竟跨越三個區域，串起了四代溝通的橋梁，展現令人驚豔的凝聚力。

祖母家堪稱是生兒育女的典範，家中人丁旺盛；我有四位叔叔、五位姑姑，加上爸爸在內，祖母一共生了十位子女。為了分擔家計，爸爸二十歲開始創業，開了機車行修理機車，當時機車在柬埔寨算得上最夯的交通工具，只有高收入家庭才買得起，機車行很快打響了知名度，業務蒸蒸日上，經濟基礎穩固後，爸爸決定成家，娶了當時十七歲的媽媽，有了賢內助的加持，爸爸打拚事業更無後顧之憂。

多子多孫添福氣，是柬埔寨的傳統觀念，父母婚後也添了三男一女，四個愛的結晶，我排行老三，哥哥與弟弟都是公認的帥哥，媽媽喜歡調侃我是家中的「醜小鴨」，但我卻是深受父親寵愛的掌上明珠。由於業務發展迅速，父親長年在外打拚，家裡的大小事幾乎都是母親作主，家中四個小孩也難得與父親相處，但打從我出生，父親一回家，就會把我抱在懷裡，唯一的女兒，宛如家中的小公主，雖然父親跟我們談話的時間有限，但從日常的肢體語言，已充分傳達他對我們的關愛。

當初的柬埔寨還處於紅色高棉後期，政局仍屬動盪。波布政權（Pol Pot）自一九七五至一九七九年統治柬埔寨期間，以階級清洗為名，大肆屠殺國內的知識分子與異議分子，估計至少二百萬人死亡，史稱紅色高棉大屠殺（Khmer Rouge），這是許多柬埔寨人的夢魘，不少家庭失去了親人，我的姑姑一家也因此遇難。

在這個不安的時代，貿易也有特許行業的色彩。爸爸似乎天生有著潮洲商人的基因，事業版圖由摩托車修理，跨足到雜糧貿易，當時的柬埔寨仍是人治勝於法治的時代，他有幾批貨都出了類似被沒收或扣押的狀況，但似乎不管遇到任何挫折，他都不會被打倒，每一次在商場的小挫折，爸爸都能夠坦然面對，復原能力強，很快就能東山再起。隨後，他開始進口高級二手名車、進口水泥，又在金邊開了一家米廠，不料米廠竟是他這一生最後一個行業。

儘管商場的波折難免，但爸爸的經商功力十分了得，在那個一般家庭要胼手胝足辛苦存錢，才能買得起摩托車的年代，我們家就已經晉升為四輪階級，而且還是令人羨慕的德國賓士車。爸爸忙著打拚事業，能夠與子女互動的時間少之又少，但他一有空，最喜歡開著賓士車，帶我們去兜風。

不巧的是，我天生就有暈車的體質，往往一上車就開始「抓兔子」，得要開窗呼吸新鮮空氣才能緩解。處女座的爸爸，偏偏對乾淨有著近乎潔癖的講究，很怕窗外的灰塵會弄髒愛車的內裝，只好減少父女共同遊車河的次數。但是在賓士車上看著父親手握方向盤的身影，已牢牢烙印在我幼小的腦海中，成為我對他最深刻的記憶。

爸爸對清潔非常講究，連寶貝賓士車開回家，都要先洗乾淨，輪胎要刷到不沾泥土，才能開進車庫。他一回家，第一件事也是直奔浴室，梳洗完畢換上乾淨衣服，才會露面與家人互動。雖然相處的時間不多，在我心目中，爸爸永遠是一絲不苟、乾淨整齊的帥哥，一肩扛起全家生計的經濟支柱，偶爾還會下廚煮點心、煮宵夜讓我們打牙祭，可說是模範父親。

由於生意興隆，爸爸創業幾年後，就在金邊市區買地蓋新房，帶著我們搬離了祖母家。新家的地點就在現今的金邊大學附近，屬於文風薈萃的蛋黃區，爸爸對軟硬體更投注了不少心血，東南亞午後常有暴雨，排水設施如果未臻完善，大雨過後，市區道路常常就會變小溪，我們家卻從來沒淹過水，原因是興建之初，爸爸就已經規劃好，將地基墊高了，當然成本也比一般房屋高出不少。

從創業以來，爸爸從沒忘記照顧自己的手足，新家一次蓋兩棟，一棟我們自住，一棟邀姑姑一起來當鄰居，家裡很寬敞，客廳大到可以橫停兩部休旅車。媽媽一個人要照顧丈夫與四個小蘿蔔頭，根本分身乏術，還找了舅舅家來幫忙。在大多數人還在用戶外公廁的時代，家裡一樓的主臥室，已經配備了獨立衛浴，許多傢俱都是由國外進口，在當時應算是「豪宅」等級，家裡甚至買了兩支剛剛問世，俗稱「黑金鋼」的行動電話。新機型誕生後，曾經炙手可熱的「黑金鋼」，甚至還成了我們幾個小朋友的玩具。

柬埔寨節日「亡人節」，到寺廟奉獻（奉飯菜、捐錢）

小時候在柬埔寨的生長環境，雖然稱不上豪門之家，但環境也還算優渥，從小就衣食無缺。嫁到台灣之初，由於大家對柬埔寨很陌生，我經常會被問起「柬埔寨有沒有飯吃」之類的問題，讓我一時語塞，不知如何回答。我常常會跟朋友說：「我是嫁來台灣後，才知道柬埔寨很窮。」這句話有雙重含義，一是體會到柬埔寨的經濟發展不如台灣，更深層的意義是，台灣人對柬埔寨的認識不足，才會以為這是個連飯都吃不飽的國家。

爸爸的興趣很廣泛，除了開車外，他還愛上了時髦的重型機車。他常騎著重機，輪流載我們幾個小孩去兜風，不論是馳騁在公路上，或穿梭在鄉村小路間，沿路上總不忘提醒我們：別太愛玩，要孝順長輩，有空的時候要多去探望祖母……平常話不多的父親，化身成重機騎士時，似乎就打開了話匣子，似乎總有交代不完的事，事後回想他似乎想把握時間，多叮嚀我們幾句，冥冥中似乎自有天意。

天有不測風雲。有一天爸爸開開心心的騎著重機出門，沒想到回程時竟然出了車禍，而且撞上了大卡車，撞擊力道之猛烈可想而知。爸爸傷得很重，被送到家裡附近的醫院；那天晚上下著豪大雨，馬路上水淹過膝，半夜十二點多媽媽仍然等不到爸爸回來，正在跟舅舅討論著是否要去找人，隔著兩扇鐵門外的行人道卻傳來有人一直喊著爸爸的名字，媽媽和舅舅趕緊開門，原來是警察找到家裡。得知惡訊後，家人匆匆趕到醫院，見到爸爸被放在醫院急診地上的角落，媽媽趕緊辦完手續繳了錢，醫院才將昏迷的爸爸送到病房醫治。爸爸醒來時似乎很痛苦，一直喊痛，照理說這樣的撞擊應該會有嚴重的內出血需要開刀，當年對於醫療相關知識不足的媽媽，一聽到開刀就嚇得直哭，這時主治醫師對媽媽說，他可以讓爸爸不用開刀，只要將爸爸轉診到他家的診所治療，媽媽當下就答應了。天亮後，將爸爸轉移到這位主治醫師的私人診所醫治，奇怪的是，到診所也沒做什麼治療，只有吊個點滴和打針，爸爸就不嚷痛了，只是一直睡。家人們還很高興，心想這樣應該就沒事了吧。

爸爸在診所躺了四天，藥物已經無法控制，病況急轉直下，最後連肚子都鼓了起來，臉色開始發黑，那位醫師見到苗頭不對，竟告知媽媽他已經無法救治了，請爸爸回家去。我們驚覺情況危急，連忙將他送到金邊的法國醫院，但醫生見了爸爸的狀況，問家屬為何拖這麼久，就算馬上急救也仍是太晚了，只能搖頭嘆息，說他們醫療團隊都盡力了。最後爸爸已經陷入昏迷，但求生意志還是很堅定，嘴裡喃喃說著他不想死，陪伴在旁的家屬，儘管心如刀割，卻無能為力。最終爸爸還是敵不過與死神的拔河，重新送進醫院一天後，就撒手人寰。

爸爸在醫院時，因為器官受創，他臨終的表情十分痛苦，至今我回想起來，仍歷歷在目；但等到遺體送回家以後，說也奇怪，爸爸竟然神奇的露出了笑容。這位一家之主，似乎仍陪伴在我們身邊。更離奇的是，好幾次家人都在夢中見到爸爸現身，告訴我們他沒死，他對家人難以割捨的情感，由此展露無遺。

爸爸屬虎，有這樣的「虎爸」扛起一家生計，我的童年生活過得無憂無慮。我小時候不愛念書，又出生於大家族，在學校跟我年紀相近的親戚，就有一、二十人，往往大家一起逃學，也常搭著哥哥的機車，到湄公河畔享受涼風，吃青芒果看風景。家中對教育很重視，我小時候有英文家教，也學過日語，學校還教法文，但我的心思不在書本上，幾乎都是學過即忘，總覺得自己似乎沒開竅，連最簡單的為圖畫本上色也做不來。

當時的柬埔寨沒有國民義務教育，成績不達標準，學校會要求留級重念，我國中就換了兩所學校，媽媽偶爾會念我不知死活，每逢考試還會調侃我，要是能及格，她要放鞭砲慶祝。

我最愛的補習課程，應該是游泳課，一大早三十多個小孩一起學游泳，總讓人心情雀躍不已。隨著泳技精進，膽子也愈來愈大，有一次跟著大家到郊區的小河去玩水，沒想到自然環境還是與游泳池大不相同，我一腳踩空，就沉到河底溺水了，在千鈞一髮之際，還好旁邊的兄姊們警覺我不見了，連忙潛水在河裡搜尋，將已經在水底載浮載沉的我拉上岸，撿回了一條小命。

雖然成績不出色，媽媽還是很疼我，由於家境還算寬裕，我們母女倆，平均兩週就去一次服飾店置裝，還常常結伴去做指甲。由於家住在金邊鬧區，旁邊沒農田，我也很少去鄉下，一直到嫁來台灣後，我才知道稻子長什麼樣子，許多台灣朋友都覺得難以置信。

爸爸過世後，家裡的經濟立即受到衝擊，由於戰亂的緣故，柬埔寨人普遍不喜歡持有現金，寧可即時消費，或購買黃金或珠寶，認為較具保值效果，我家也不例外，儲蓄的現金並不多。媽媽十七歲就嫁給了爸爸，一向以家庭為重，沒有謀生的一技之

年節與表妹出遊，年紀相仿，感情甚好

長，在坐吃山空的情況下，一年左右就沒錢付我的學費，還好奶奶拿出了私房錢金援，才解決了燃眉之急，讓我能繼續上學。

媽媽很努力找了工作，上班賺錢補貼家用，但自然也沒有太多時間照顧我們，於是就安排我住到了外婆家。外婆白天都待在三阿姨家，我也會跟著去，直到下課打包完晚餐，再帶回外婆家一起享用。環境雖然不像在家中舒適，也沒法如同以前一樣，常跟著媽媽去買新衣、做指甲，但阿姨家有三個年齡相近的女兒陪伴，不愁沒有談心的對象，如果在學校有想人欺負我，我還有二十幾位堂、表兄弟姊妹們也會為我出頭，阿姨還會給我零用錢，讓剛剛遭逢父喪，又寄住親友家的我，感到無比的溫暖。

[2]

遠嫁陌生的土地——輸人不輸陣的豪華婚禮

學著接受父親驟逝的衝擊，逐漸回歸平靜的日常，卻因為假日午後的一通電話，讓我的生活有了翻天覆地的變化，成了我一生的轉捩點。

那天是假日不用上學，我到奶奶家串門子，卻有隔壁的鄰居來傳話，說媽媽打電話來，家裡有急事，要我趕緊回去一趟。當時柬埔寨的手機還不普及，能擁有家用電話的人也不多，媽媽會十萬火急，就算透過鄰居傳話，也要召我回家，想必有天大地大的事，於是我向奶奶告辭後，就趕緊上路。

回到家後，我發現狀況有些不尋常。家中客廳坐了幾位陌生人，大多是年輕男性，似乎是不會講柬埔寨文的外國人，眾人用好奇的目光看著我，讓我覺得有些尷尬，但我也沒多問，乖乖的聽媽媽的指示端茶出來一一請客人喝，轉頭就回到自己房間。沒多久，媽媽進房對我說：「你要訂婚了。」我心裡困惑地想，什麼是訂婚？這對當年的我來說，還是很陌生遙遠的事。

按理說，媒人在相親時，應該會介紹我與作媒的對象認識。但是，當下這個環節竟然省略了，我看著一排男士，卻不知誰是今天的主角，偏偏我從小就是沉默寡言的乖乖女，爸媽說什麼，我幾乎都是照單全收，連生平第一次的相親也不例外。

媽媽是一位做事效率很高的人，確定這場婚事後，他就交代舅媽拿一件洋裝借我穿，開始狂打電話，廣邀家族的親友們共襄盛舉，親友接到這突如其來的「喜訊」，紛紛趕到家裡來觀禮，順便看看這從天而降的女婿，到底是何方神聖。

儘管男方的背景、國籍，甚至連長相都不確定，一向是家中乖乖女的我，還是按照媽媽的指示，換好了洋裝，準備開始訂婚儀式。新人先拜祖先告知婚事，看到站在身旁的男士，從沒談過戀愛的我，這一刻才知道，原來他就是我的未婚夫，也才知道我要遠渡重洋嫁到台灣。接著套上戒指，在兩小時之內，我就選定了終身伴侶。

或許這婚事決定得太唐突，親友們一時間很難接受，各項質疑接踵而至。第一位發難的是姑姑，她問媽媽：「到底要嫁到哪裡去？連男方的家庭背景都不確定，至少先了解，這男生到底是從哪裡來的？」媽媽只回答：「可能是中國人吧。」因為相親團的幾位男士，講的都是中文。

傍晚姑姑叫我去她家，再一次的問我，你確定要嫁嗎？我回答：「不知道。」一向好脾氣的姑姑，聽了忍不住開罵：「你被媽媽『賣』了，你也不知道！」

或許是長輩們的連番質疑，讓媽媽無力招架，竟然提出了一個很有創意的絕招：直接上香問在天上的爸爸，是否同意嫁女兒？話一出口，親友們也覺得順理成章，女兒的終身大事，就由遠在天堂的爸爸作主吧。

媽媽點了香，拜了拜爸爸的神位，將今天的喜事一五一十告訴他：請今晚一定要來托夢，接著就由你決定你女兒的婚事。接著擲筊，請爸爸決定我是否該訂婚？

雖然陰陽兩隔，爸爸竟然晚上托夢；表示應允了我的婚事（媽媽說的）。爸爸斬釘截鐵的說，他已經來台灣繞了一圈，可以嫁，要我放心遠渡重洋，追尋幸福的人生。令人不禁好奇，難道這樁姻緣是命中注定？所以爸爸早有感應，已預做準備越洋考察，才能馬上應允。既然爸爸同意了，就立即展開辦理跨國結婚的相關手續。

後來我才知道此次相親的原委。大我十歲的老公，個性一向靦腆，家住彰化花壇，公公是在種竹筍的農民，偏偏年輕女生多嚮往都市生活，想成為農婦的少之又少，單身漢想找另一半，有相當的難度。由於有幾位鄰居也娶了泰國、越南、柬埔寨等國的外籍配偶，順利完成了終身大事，婚後新生命陸續報到，婚姻生活還算美滿，家裡附近不時可見到國外相親團的廣告，已到三十而立之年，急著想成家的老公，在婚友社的遊說下，決定加入柬埔寨的相親團。

沒想到抵達柬埔寨後，相親了近好幾天，同行的朋友們，一個個找到了美嬌娘，老公卻始終沒有中意的對象。有不少柬埔寨農村的女孩，也渴望能嫁到經濟水平較高的國家，因此會來到首都金邊，寄宿在媒人或親友家，一邊學習家事技巧，一邊等待越洋相親的機會。柬埔寨媒人為了要維持良好的口碑，不讓遠道而來的相親團失望，其實都有自己的口袋名單，偏偏老公看了好幾位，到了回台灣的前一天，還是沒能等到愛神的降臨。

遇到這種狀況，媒人其實已經有了心理準備，一是準備回台灣後退款，二是遊說老公下次參加別國的相親團，說不定換個國度就會傳出喜訊。當媒人口袋的新娘名單已告竭的時刻，她想起了好友還有個正在念高中的女兒——也就是我——於是打了通電話問媽媽，是否願意安排我相親，老公見了我，立刻就點頭，兩小時內就促成了這樁婚事。

訂完婚後，媽媽把握時間敲定婚禮細節；老公遠從台灣來柬埔寨，往返太耗時，當然得訂婚、結婚畢其功於一役，順便也省下再次往返的機票費用。首先要敲定的是聘金收多少？媽媽沒打算拿我當搖錢樹，可是要辦個像樣的婚禮，肯定是筆可觀的開銷，當時家裡的經濟狀況也吃緊，沒法再自掏腰包，因此聘金得跟男方商量。

接下來要討論的，就是迎娶流程等細節。一心想要風光讓我出嫁的媽媽，問未來的女婿：「家裡一共有多少人來柬埔寨迎娶？」原本以為應該會有來自台灣，陣容浩大的親友團，沒想到長得黝黑憨厚的台灣婿，很老實的回答：「就只有我一人。」媽媽有點吃驚，但馬上恢復鎮定，展開過人的調度能力，開始張羅婚事。

女兒小時候回柬埔寨，還擔任親戚的花童

由於夫家遠在台灣，首先要解決的是，前來迎娶後，我們新房該設在何處？如果要求方便，直接選在飯店當然也可以，但小小的房間，總是不夠大器，也很難容納眾多道賀的親友，媽媽果然長袖善舞，向友人借了棟別墅，當成男方家，說什麼都要讓我風光出閣。

台灣迎娶往往都是出動名車組成車隊，直奔女方家；柬埔寨更有人情味，男方要帶著眾多家庭圓滿的男性親友，組成迎親團，浩浩蕩蕩去女方家將新娘子娶進門。但未婚夫隻身來柬埔寨，人生地不熟，哪來的迎娶團？但媽媽憑藉著平時累積的好人緣，一天就找來上百位親友，組成了迎娶團，而且成員都是由她精挑細選，迎親隊伍中排、前排的，不僅要已經成家且生兒育女、生活幸福美滿，還得生過兒子，因柬埔寨的習俗堅信，這樣幸福洋溢的迎娶陣容，會帶給新人一生幸福。

後來我才了解，男方的迎娶團，其實是街坊敦親睦鄰的最佳典範。只要有人辦喜事，親朋好友們再忙，都會放下手邊的工作，去參加迎娶團沾沾喜氣，我的哥哥也常被找去參加迎娶團，鄰居親友齊聚，展現濃濃的人情味。

直到現在，翻開舊相簿，看著婚禮當天大隊人馬前來迎娶的照片，其中三位伴郎不僅新郎不認識，連我也覺得陌生，但大夥依照柬埔寨禮俗，誠意十足的帶來了現金聘禮、媽媽訂製24K的金飾、一百份喜餅、檳榔、豬腳，讓未來的丈母娘笑得嘴都闔不攏。最有趣的是，迎娶隊伍最前面的二

麗蟬婚禮當天的迎親團，陪新郎站前排的長輩，還要符合模範夫妻、家中有兒女等條件

結婚當天的聘禮，擺得滿滿一整屋

位開路先鋒，得邊走邊敲鑼，還得沿路念著吉祥話為新人祈福，後方還有人打著二把大傘護駕，朋友看到迎娶照片時，不少人都說覺得很熟悉，最另類的評語是：「還好二把傘是紅的，不然就好像台灣送終的隊伍了！」只能說兩地的風俗民情不同，讓我哭笑不得。

柬埔寨的婚禮，流程比台灣更講究，家裡請了三位新娘秘書來照料我，婚禮前一天，髮型師進住我家，準備隔天一早的梳化工作。台灣的婚禮，新娘通常是穿白紗走紅毯，加上敬酒、送客換兩套禮服，大約三套禮服就大功告成。我的柬埔寨婚禮，宴客禮服就換了十二套，有點像時裝秀，難怪要髮型師加上三位新秘，組成團隊才能得宜。

這麼盛大的婚禮，當然要留下美美的紀念；家裡請來了攝影團隊，不論是拍照或錄影都有專人負責。值得一提的是，柬埔寨的攝影可不像台灣包套計價，每按一次快門都要計費，一張照片大約是台幣五元，整場婚禮拍下來，也是一筆不小的開銷。婚宴在中午請客，下午就把握時間，找了伴郎、伴娘作陪出外景補拍婚紗，整個婚禮結束，我們這對新人也已經筋疲力盡了。

中午的婚禮，約莫請了三十多桌，平均一桌的成本大約台幣三千元。柬埔寨客人喝喜酒，可能夫婦帶小孩一起去，全家只包一個紅包，因此喜宴除了賀禮外，通常還要新人自己貼錢。另一特色是，或許是曾受法國殖民的影響，柬埔寨婚禮的賓客，不論男女大多是盛裝出席。我在台灣補辦婚宴時，許多鄰居都是下田後直接趕來喝喜酒，衣服還沒來得及換，也沒空回家梳洗，倒也有另外一番樸實的親切感。

婚禮結束後，媽媽要我不用再上高中了，留在家裡多看看台灣的連續劇錄影帶，順便學點中文，提早適應日後在台灣婆家的生活。以前從沒想過下半輩子會來台灣生活，對我而言，台灣只是個陌生的地理名詞，地圖上的位置，我都不熟悉。出國前的日子，看著許多部台灣連續劇，劇中的景象，都是台北的高樓大廈，街道上車水馬龍，西門町與東區人來人往，多的是穿著摩登的俊男美女，讓我對日後在台灣的生活，多了幾分的憧憬。

沒有辦法馬上與新婚老公啟程去台灣的另一原因，是必須等待辦護照等出國證件。台灣的戶籍制度很健全，但赤柬統治時代，柬埔寨歷經內戰的洗禮，上學並非當時的義務教育，幾歲上小學，基本上也是由家長決定，學校不會發入學通知。因此，不要說是辦護照，所有的手續要從第一關的出生登記從頭來過，因此一關辦完才能接下一關，所有流程走完、完成結婚登記、拿到護照與出國文件，耗時將近一個月，在講求凡事馬上辦的台灣，可能會覺得不可思議。

辦證過程中有個小插曲，我的中文名字原本應該是「林麗嬋」，但證件上誤植為「林麗蟬」，經由媽媽的轉述，奶奶對於原本是美女的「嬋」，被不小心改成了唧唧叫的「蟬」很有意見，一再叮嚀要我記得去改正，沒想到後來的一場意外讓奶奶轉了念，關於這件事，容後再敘，總之，林麗蟬就此成了我的本名。

[3]

現實不是連續劇——聽不懂的台語，煮不好的飯

我的婚禮於一九九七年三月二十九日在柬埔寨舉行，完成儀式後，經過層層關卡拿到護照證件、完成結婚登記，和先生在金邊住了三天，我們這才從柬埔寨出發，經由曼谷轉機抵達桃園機場，再由夫家的人迎接我們回家。當時台灣還沒有直飛柬埔寨的班機，必須由第三地轉機，這也是我第一次踏上台灣的土地。

離開機場坐上車，往彰化花壇鄉的夫家出發，看著窗外高速公路的風景，我對這個陌生的島嶼充滿了好奇心。無奈我從小搭上爸爸的賓士車就開吐，到了台灣暈車狀況也還是沒改善，從桃園一路吐到彰化，人都快昏了。下了交流道後，進入了彰化的郊區，與連續劇中車水馬龍的都市景觀似乎大不相同，從大路開到小路，直到進入通往夫家的山腳路，更是從有路燈開到沒有路燈，最後車子停在一間三合院前面，終於抵達目的地，原來這就是我的夫家。

先生是家中四個兒子裡第一個率先成家結婚的，本業是五金加工，住家與工廠合一，夫家除了公婆，還有一位大伯、兩位小叔，與小叔的女朋友，稱得上人丁興旺。記得以前在東埔寨家裡，主臥就有洗手間，這裡的格局則得經過一個小小巷弄才到得了廁所，婆婆晚上還要拿尿壺到房間裡，供半夜如廁使用；更令我印象深刻的是，廁所前有屋瓦破了，卻始終沒修，底下放了個水桶雨天接水，後來才知道，公公覺得這樣很方便，雨水接滿了可以直接沖馬桶，也讓我對台灣的環保意識留下深刻印象。

我身為第一個進門媳婦，當然得擔起一切家務，到家隔幾天就硬著頭皮下廚。在柬埔寨時，廚房是媽媽的管區，加上爸爸也有好手藝，根本輪不到我；說實話，在娘家時，我稱得上茶來伸手、飯來張口，但到了台灣，身分已由嬌嬌女變為賢妻，開始得學著洗手做羹湯，熟悉廚房裡的鍋碗瓢盆。

台灣家家必備，幾乎被當成國寶的大同電鍋，是我的第一道考驗。我在柬埔寨沒看過電鍋，更遑論了解如何使用，一開始對它敬而遠之，寧可用瓦斯爐燒飯，但從沒做過家事的生手，很難掌握火候，煮出來的飯，不是不熟，米心有硬塊，就是燒焦留下一堆鍋巴，公公吃得搖頭嘆氣，終於受不了，親自示範教我如何用電鍋煮飯。

公公習慣講台語，面對我這個不會中文的柬埔寨媳婦，兩人宛如雞同鴨講，煮飯教學的第一課，得先要克服語言問題。

幸好從小奶奶就要求我們在家講潮州話，雖然潮州話與台語發音不同，但某些單字仍有共通之處，我與公公就靠這些單字溝通，開始了烹飪教學。為了與家人溝通，我不僅要學煮飯，還要加緊學台語。許多人學中文，是從注音符號入門，我的中文卻是由台語啟蒙，先會講基本台語，從簡單的坐、喝茶、吃飯等單字，然後是一般生活用語，大致能用台語溝通後，才進階學會國語的聽說讀寫。

剛開始，我的潮洲話對上公公的台語，常會有雞同鴨講的狀況，公公有時講到火大，但我還是一頭霧水，老人家難免會飆出一、兩句三字經，當時根本聽不懂，只能微笑以對，這或許也是不懂中文的好處，不至於讓場面太尷尬，也避免了與長輩的摩擦。後來慢慢了解這算「國罵」，周遭有許多友人，言談中也會夾雜著三字經，有了公公的薰陶，我理解這只是他們的口頭禪，並不以為意。

台語的翻譯其實是門大學問，我碰過柬埔寨的姊妹抱怨，婆婆胡亂指控小孩有缺陷，讓她心裡很受傷。我覺得很納悶，一問之下才明白是翻譯造成的歧義，婆婆原本是跟媳婦說：你生這個「歹囝仔」（壞小孩），真的很調皮，難管教。但居間翻譯的友人，卻以柬埔寨語向媳婦傳達：婆婆抱怨你生了個「壞掉的小孩」。媳婦聽了大為光火，因為小孩四肢健全，而且聰明伶俐，婆婆怎麼可以不分青紅皂白，胡亂指責小孩天生有缺陷？婆婆也覺得莫名其妙，才念了幾句小孩太皮，媳婦竟然翻臉！幾個關鍵字在翻譯時沒抓到精髓，竟差點害得婆媳反目。

除了基本單字溝通外，我也會善用肢體語言，比手畫腳增進與公公的溝通效率。經過了在夫家的磨練，我因緣際會成為以肢體互動來突破語言困境的高手。有一年，我因獲頒農村領航獎出訪日本，晚餐後還有空檔，有人提議去打保齡球，因為難得有在異國打保齡球的經驗，大家都躍躍欲試，但現場沒有人會說日語，偏偏日本服務生的英語也不太靈光，我自告奮勇，靠著比手劃腳完成了訂球道、租鞋、結帳等大小任務，最後每個人還領到一張證書，讓大家留下深刻的回憶。

回到煮飯這門學問。公公很熱心的示範如何操作電鍋，從洗米、加水、按下開關，比劃得鉅細靡遺，我卻是看得膽戰心驚，因為在柬埔寨時，長輩總是耳提面命，使用電器用品要遠離水，不然萬一觸電可能會出人命。看著公公將水倒入電鍋中，然後按下開關，沒多久電鍋開始發熱，並且冒出蒸氣，我心裡七上八下，深怕一摸就會觸電。好在後來公公示範了幾次，全都很安全，才消弭了我的恐懼，有了電鍋相助，煮飯從此得心應手。

生活上軌道後，我們在自家四合院的中庭補辦了喜宴，邀請親朋好友齊聚，正式介紹我這個來自柬埔寨的太太。

除了在廚房張羅三餐外，因為老公家裡從事五金加工，住家與工廠合而為一，忙完家事後，我也得到工廠去幫忙，一年後我的工作效率，較其他作業員有過之而無不及，而且還能機動補位，從第一關到最後收尾，都能夠勝任。結婚半年多，我就懷孕了，第一胎生的是女兒，懷孕期間我照樣下廚房進工廠，完全沒理會台灣習俗，強調孕婦不能拿刀具等尖銳物品的禁忌。

一九九八年九月女兒呱呱墜地，我算是超強孕婦，女兒要出生的那天晚上，我還出門去送貨，深夜才到醫院生產。因為沒請保姆，坐月子期間，我因為閒不下來就帶著女兒進工廠。沖壓機的體積龐大，沖壓鈑件時發出的噪音也很驚人，工廠沒有冷氣只有電扇，夏天沒待多久，往往就會冒汗，大人都不見得適應，但還沒滿月的女兒竟能夠甘之如飴。我一邊工作，她在旁邊的嬰兒床上也能睡得香甜，機器聲音再大也吵不醒，反而是機器一關，她馬上就睜開眼，大家嘖嘖稱奇，沖壓機刺耳的噪音，竟然成了咱們家女兒的搖籃曲。

夫家一心想要有個男丁，老大剛剛滿月，我就懷了老二，一九九九年七月，兒子接著誕生；有了懷第一胎的經驗，我對挺著大肚子工作更得心應手，但也難免遇到意外。有一次騎機車去買東西，竟不慎摔車，還好肚子裡的小生命有驚無險，沒提早來報到。到了臨盆那天，我感受到身體異樣，卻還能好整以暇地回家，洗衣服並做完家事，才由老公陪同上醫院接生。

家事、工廠、生產……所有的事我一肩扛，旁人都不免好奇，來自異鄉的我，國語一竅不通，一切從頭學起，怎能承受這樣的壓力？我有個很奇特的紓壓方式，就是在夜深人靜時，對著過世的父親訴苦，就好像電影《第六感生死戀》中，跨越陰陽界的交流，只不過男女主角由情侶換成了父女。

傳說中，女兒是父親上輩子的情人，父親雖然因車禍意外過世，冥冥中卻一直在照顧著我。在柬埔寨舉辦訂婚典禮後，由於親戚大多對這門越洋親事持反對立場，直到媽媽說她夢見了爸爸現身，表示親自到台灣考察過未來女婿家的環境，要我放心出嫁，才平息了長輩們的悠悠之口。

來到台灣後，面對陌生的環境，不熟悉的語言，還有完全不認識的陌生人，我除了寂寞，心中更難免忐忑不安，但每天到了睡前，我總會感覺到，父親在窗外用關愛的眼神看著我。我會找個僻靜的角落，一五一十的訴說自己的壓力與委屈，宣洩負面情緒之餘，難免也會埋怨父親為何英年早逝，讓家裡遭逢這麼大的變故，如果父親還在，我應該還是個衣食無缺、無憂無慮的大學生，哪需要遠渡重洋，提早走上紅毯，成了家庭主婦。

說來不可思議，窗外的爸爸，總會耐心聽著我的抱怨，一邊安慰著我，如果不是遇到車禍劫難，他也不想離開我們，一直到最後一刻，他都還在與死神奮戰。爸爸安慰我，只要堅持下去，在台灣的日子會愈來愈順遂，很快就會有苦盡甘來的一天。爸爸跟我的「對談」，長達十年之久，是支持我在台灣面對各種挑戰的心靈支柱。直到我開始做義工，開拓了另一個生活重心，也交了許多好朋友，才逐漸減少與父親的對話，有一天望向窗外，卻再也感受不到父親的存在。或許他覺得我已經成熟，足以獨當一面，該是他放手專心追隨上帝修行的時候了。

[4]

言教身教都重要——文化不同，但對下一代教育的堅持相同

回想父親對我的保護，似乎無所不在，甚至讓我躲過了空難，奇蹟似的在鬼門關前走了一回。結婚六個月後，剛懷孕的我，獨自回到柬埔寨，一方面算是出嫁女兒的歸寧之旅，再則當時法令規定，我初次入境台灣，只能短期停留，最長不能超過六個月，得離境後再入境，才能以結婚名義申請依親居留。這涉及較複雜的法令問題，依親居留後，接著以柬埔寨的護照年限，取得期限至多三年的居留證，再合法居留台灣連續滿三年，且一年滿一八三天以上，即可申請歸化國籍，滿一年後，就可以向戶政事務所申請身分證，也就是俗稱的外配3＋1條款，同時符合放棄母國國籍、「無犯罪紀錄」、「通過健康檢查」等要求，才能順利成為中華民國公民。

由於當年台灣與柬埔寨沒有直飛班機，我由桃園機場出發，到胡志明市轉機，再飛往金邊，沒想到卻成了我畢生難忘的驚魂之旅。出發那天是一九九七年九月三日，我上午八時由桃園起飛，十時三十分順利抵達胡志明市，準備轉乘十一時二十五分起飛的越南航空 VN815 班機飛往金邊，預計十二時十分降落，當時家人已迫不及待，趕著到機場迎接我。

沒想到所有旅客準備登機前，卻聽到櫃檯廣播我與其他幾位旅客的英文名字，趨前一問，地勤人員提出一個很奇怪的說法：原班機客滿了，但不用擔心，航空公司已經備妥了另一架飛機讓我們搭乘，行程完全不會延誤。

搭上另一架飛機後，才發現二者還是有差別；原本應該搭乘的是俄製雙引擎噴射客機，但我們卻被換上了一架小型的螺旋槳客機，舒適性差了些，其他幾位乘客開始猜想，是航空公司超賣機位？還是有貴賓臨時要登機，所以我們只好讓位？但短短航程不到一小時，大家都想早點抵達金邊，也沒人提出異議，大家坐好綁上安全帶後，飛機旋即起飛。

經過四十五分鐘的飛行，我們的小飛機先降落在金邊機場，但原本應該跟在我們之後落地的VN815班機，卻因為天候惡劣，加上人為操作失誤，在金邊機場附近擦撞到棕櫚樹，導致一具引擎熄火，失控後墜落在機場！根據事後的調查報告顯示，由於落地速度高達二七〇公里，隨即起火燃燒並衝出跑道，共有六十六名乘客罹難，其中有二十二名是台灣人，多數是前往商務考察，其次是韓國的二十一名乘客，至今在網路上，仍可看到當天的新聞報導。當晚台灣家屬收到噩耗，得知親人已天人永隔，準備前往金邊料理後事的電視影片，事隔多年，看了仍令人鼻酸。

我下飛機時只發現機場亂成一團，跑道盡頭有濃濃的黑煙與火光，一問之下，才知道原本要搭乘的 VN815 班機已經斷成了幾截，一小時前還同在胡志明候機室的旅客，幾乎多已罹難，驚嚇的心情可想而知。也讓我更堅信，來台灣之後，爸爸一直隨時庇佑著他最疼愛的女兒，我才能奇蹟似的死裡逃生。

空難消息傳出後，比我受到更大驚嚇的，是原本興高采烈要迎接我回娘家的親友們。他們守候在機場外，看到飛機衝出跑道引發的烈焰與濃煙，就知道大事不妙，連忙去打聽消息，一聽是我的航班代號，宛如晴天霹靂，加上資訊不完整，地勤不知道原本的航班臨時分成兩班機，我的名字就在旅客名單上，家人第一時間幾乎都以為我凶多吉少了。

最激動的是哥哥，他忍住悲傷，衝進了失事現場，希望就算我罹難，也要第一時間找到遺體。結果忙了半天，看到許多燒焦的大體被移出，但裡面並沒有我，讓他心急如焚。

直到我辦完通關手續，拿到行李出境，在眾人眼前出現時，大家簡直不敢置信我能奇蹟似的死裡逃生，親友們破涕為笑，趕緊簇擁著我上車回家，好讓長輩們放心。

回到家，第一件事是捻香感謝祖先與爸爸的庇佑，奶奶看到我更是激動不已，把幾個月不見的孫女抱緊緊，還做了個很重要的決定：我不用改名了。

先前申辦相關出國證件時，我的中文名字林麗嬋，被代辦者誤植為林麗蟬，奶奶對此頗有意見，叨念了好幾次：「好好的美女，怎麼變成了一隻蟲？趕緊去改回來。」

看到我歷劫歸來，奶奶有了新的想法，她說：「名字不用改了，就用這隻會飛的『蟬』，能夠飛得遠，懂得趨吉避凶。」從此，林麗蟬就成了我正式的名字，來自柬埔寨的蟬寶寶，在台灣展開新生活。

雖然逃過空難，我的心裡卻留下陰影，彷彿罹患了搭機恐懼症，一想到上飛機就腿軟，再想想初到台灣的諸多不適應，好想就此待在娘家，萌生了「逃婚」的念頭。

幸好媽媽不斷鼓勵我，還幫我買了新的金飾，要我美美的戴回台灣。加上肚子裡已經有了小生命，總不能孩子一生下來，就跟爸爸分隔二地。左思右想之後，我

和女兒感情好，陪女兒去比賽

還是鼓起勇氣，回到台灣，繼續扮演賢妻良母。

女兒出生後，我這個新手媽媽，開始享受初為人母的喜悅；不到一年，兒子也來報到，姊弟倆湊成了令人羨慕的「好」，開心之餘，我也開始學著心理修練、學著當一位稱職的媽媽，跟著兒女一起成長。

我最大的發現是，雖然出自同一娘胎，姊弟倆的個性卻是南轅北轍，女兒活潑強勢，兒子內向心思慎密，因為年齡的差異，姊姊難免會欺負弟弟，連二人的金錢觀，也在逛夜市時展露無遺。

女兒是標準的消費控，看了玩具就想買，而且這攤買完，下一攤還吵著要，如果依著她，一趟夜市逛下來，荷包肯定大失血。年紀雖小，她已是心理高手，懂得用哭聲來讓父母就範，特別是夜市人多，我一拒絕買玩具，她哭起來就

和兒子感情也好，一起搭火車到大甲車站當志工

特別帶勁，響亮的嗓音，加上淚水如湧泉，總會引得旁人側目，不知她受了什麼委屈。

一開始，我會乖乖掏鈔票，幾次之後，發現她的小心機，知道人多之處，哭得再兇，鬧得再激烈，媽媽礙於顏面也不敢體罰她，只能買玩具好言相勸，眼淚攻勢運用得得心應手。

我雖然是新手媽媽，卻也很快就找到破解之道，只要她一哭就抱起來往停車場走，到了停車場，她發現周遭沒了「觀眾」，再多眼淚也是白費力氣，夜市之旅不但泡湯，回家還可能受罰，原本哭倒萬里長城的小小孟姜女，立刻識相的變成溫柔的小綿羊。

只差一歲的兒子，個性與姊姊有著天壤之別，還沒上學就顯露勤儉持家的本性。女兒吵著買玩具，他從不跟著起鬨，反正姊姊買到手，他也可以玩。給他們硬幣去坐木馬、電動車等遊樂設施，姊姊花錢不手軟，看到喜歡的就投幣，弟弟則是硬幣放口袋，搭姊姊便車坐後面，一毛錢都不花也照樣玩得開心，回家還可以存零用錢。

兒子善於理財的性格，從小一直持續到長大，國二他就懂得用網路平台賣各式產品，上了大學後，念的是園藝，他發揮所長兼營副業，賣起了園藝資材和多肉植物盆栽，遇到有店家開幕送禮，他在網路接單後，客製化專送到府，這類仙人掌植物，比送花持久，也比一般植物型的盆栽好照顧，顧客反應甚佳，他也累積了不少存款。

我來台灣時，上了三個月生活適應班，課程內容包括注音符號、法規講解、台灣概要……；結業時，我因為台語是全班最流利的，還代表致詞。由於沒有學過正規中文，我跟兒女溝通，都是用台語或潮洲話，小孩子學習速度很快，在我的教導下，他們的潮洲話也能琅琅上口，成了和偶爾來台灣玩的外婆之間，最佳的溝通工具。

現在國民小學開始將東南亞七國語言列入課綱，但以當時的社會氛圍，講自己的東南亞母語，很容易引起鄰居側目，家裡附近除了我以外，還有越南、泰國、印尼等國的配偶，大家都盡量少講母語，台語成了外配間的溝通語言。

兒女上學後，我開始出外打工貼補家用，因為從小就對美容造型有興趣，到美容院當助理，負責幫客人洗頭等工作，就成了我的優先選擇。在第一家美容院，我全程講台語，但做了一週後，老闆還是發現我的口音有些特殊，詢問之下，發現我來自柬埔寨，就要我別再去上班。

第二家美容院的老闆，一人帶著兩個小孩，或許日子比較辛苦，對員工也比較嚴格，薪水一個月三千元，請假一天就要扣五百，我覺得因為自己新移民的身分而受到不平等對待，沒多久就決定辭職，專心回歸家庭帶小孩。

有了就業時這些不快的經驗，又擔心因為自己是柬埔寨人的關係，孩子在學校會受欺負，所以我決定去學校陪伴孩子。後來才發現，家長要當志工才能進入班上跟孩子互動，於是我也加入學校志工媽媽的行列。

所謂班級媽媽，任務就是分擔老師的工作，例如陪全班孩子早自習，講故事給各班同學聽……；對其他媽媽可能只是舉手之勞，但對只會講台語，中文還不流利的我而言，卻是一大挑戰。看完要講的故事繪本後，我得先努力將要講述的故事，一字一句標上注音符號，在家先充分練習之後，才敢戰戰兢兢的在教室登場演出。

但是才一開口，全班就哄堂大笑，小朋友很直率的問我：「你是哪裡來的？外國人嗎？」我講的故事再精彩，都因為國語不標準，效果大打折扣。兒女念的一年級，共有八個班，我硬著頭皮巡迴每個班講故事，儘管心靈很受傷，仍勇敢面對小朋友們的笑聲。

撐到第二個禮拜，情況不但沒好轉，反而愈來愈糟糕。全班鬧哄哄，根本沒人在意我在講什麼故事，我不想被擊潰，決定勇敢跟這群小淘氣們來個正面對決。

我決定暫不講故事，直接跟孩子玩遊戲。既然大家對我的生長背景、我從哪裡來這麼有興趣，「那就讓大家猜猜看，我來自哪個國家？」全班小朋友聽到這個問題，愣了一下，陸續開始有人舉手搶答，大家對猜測我的母國，遠比聽故事感興趣。

為了增加與同學們的互動，我也是有備而來，帶了不少卡通貼紙、各種文具等小禮物；只要舉手說答案，不論對錯統統都有獎，馬上炒熱全班的氣氛。柬埔寨果然是個陌生的地理名詞，全班三十二位小朋友，竟然沒人猜對，加上每個人都拿到禮物，自然對我究竟是何方神聖更好奇。

我深入淺出介紹了柬埔寨，小朋友聽得很著迷，也化解了我們之間的距離，大家開始接受我這位新移民媽媽，也漸漸習慣了我的口音，我完全融入了學校的活動，不但擔任了班級媽媽，還擔任了圖書館媽媽、導讀媽媽……，有整整四年的時間，完全投入國小校園當志工。

兒女也因我到學校當志工而感到驕傲，有一次我不小心聽到女兒和班上同學的對話，同學問：「蛤？你媽媽是柬埔寨人喔？」女兒回答：「對啊，我媽媽是柬埔寨人，但我

樂在志工服務，也帶著兒女同行，服務人群又能增進親子感情

媽媽很熱心，在學校當志工，你媽媽為什麼沒來當志工？」聽完兩個一年級孩子的對話，真讓我哭笑不得。

生活中的挑戰始終未曾停歇，我成功的打入了校園，但如何督導兒女的功課，就成了揮之不去的夢魘。外表粗獷，個性大而化之的老公，對這對寶貝的功課很在意，看到考試成績，總會忍不住念幾句。我受限於中文程度，盯得再緊，也只能照著答案卷，督促他們訂正習題，寫錯的題目，就算兒女有疑問，我也沒法講解；久而久之，他們對我也失去信心。

女兒升上小三之後，原本的乖寶寶，開始懂得反駁，有一次忍不住問我：「你們國家（柬埔寨）有教你中文嗎？」這句話刺中我的傷心處，我馬上叱喝：「閉嘴乖乖寫功課，不然就等著受罰。」

我對兒子的要求，往往比女兒更嚴苛，字寫得不漂亮，就要求擦掉重寫，經常一寫再寫，寫到作業本都擦破了，往往邊寫功課邊掉淚。有一次我恰巧聽到女兒安慰兒子：「媽媽沒學過中文，做功課時，她說什麼聽聽就好，別太認真。」

雖然是童言童語，對我卻宛如當頭棒喝，我不想成為兒女眼中的「文盲」，當下決定重拾書本，一定要去念大學。

5

尋找美麗人生——重返校園，重做自我

想念大學最先要克服的關卡，是取得老公的同意。當我提出重新進校園當學生的構想時，老公猶豫了一下，我從他臉上的表情，知道答案可能不樂觀，馬上先下手為強，直接攤牌：「如果不讓我念大學，那兩個小孩升高年級後，功課會愈來愈難，我不懂的話，就只能交給你處理了。」

這句話戳中了老公的軟肋，他雖然外表粗獷，可是對小孩的成績還是很在意，看到考試成績，不滿意就會發牢騷。但要他盯小孩功課，未免太為難，我丟出燙手山芋，老公立刻擋了回來，點頭答應：「好啊，考得上大學就去念。」

老公對大學的概念，應該還停留在他求學時，必須經歷大學聯考的時代，歷經高中三年的苦讀，可能還有七成左右的學生名落孫山，我連注音符號都有問題，基本上只有台語流利，怎麼可能考得上大學？

但時空環境轉變，一九九〇年台灣推動教育改革後，大學數量自一九九〇年的五十三所，至二〇一七年成長為一二九所，其中包含公立及私立大學，這還不包含獨立學院、專科學校等，台灣的大學密度在世界排名中名列前茅。考大學不見得要非得要筆試，有的學校單憑面試也可以錄取。

我事前就做過功課，想兼顧家庭與學業，一定要找離家近，而且我也有興趣的科系，位於彰化市的建國科技大學的美容系，就成了我第一而且是唯一的志願。

挑選建國科大的另一原因在於，學校是著眼於技職教育，重視學生的技能培訓，因此美容系只要術科與面試，不需要學科筆試，我用全國技術士美容乙級的同等學歷就可以報名。因為我在柬埔寨就常跟著媽媽上髮廊美髮，每週也會固定去美甲，母女倆總會打扮得光鮮亮麗，因此我對當美容師有著濃厚的興趣，在兒女念幼稚園時，我就考取了丙、乙級美容師執照，自認這張專業執照，對我的面試應該會大大加分。

考完之後，我自認有機會錄取，但畢竟我的母國是柬埔寨，與台灣的應屆畢業生不同，老師還要我補一堆資料（這些資料需要雙語加外館認證），如果審查沒過，可能就會影響錄取資格。我平常得帶小孩，沒太多時間準備，當場急得飆淚，對老師說：「我真的很想念大學，需要什麼資料，可否一次跟我說清楚，我一定認真達到學校要求。」

在我的眼淚攻勢下，老師不禁心軟，仔細解說相關細節，我回去準備後，準時遞交給學校，總算順利錄取，踏出進軍大學的第一步。

開學上課第一天，我果然成了全班的焦點人物，同學竊竊私語：「她是哪裡來的大嬸？」我在柬埔寨的登記資料，是一九七七年出生，考上大學這一年已經三十二歲。班上同學大都以一九九一年次居多，平均約十八歲，我不僅年齡大他們超過一輪，而且穿著也是截然不同的兩個世代。念美容系的學生，原本就注重外表的穿著打扮，比起其他科系更為新潮，算是走在時尚尖端，但我為了省錢，來台灣後，常接收婆婆的衣服穿，幾乎都是二十年前的款式，也讓我的外表更像是邁入中年的長輩，甚至比老師還成熟，也難怪上課第一天，坐在教室內，就成了系上的特別人物。

大家一定很好奇，上大學要如何兼顧小孩？這一點在我報考之前就做過仔細的研究，建國科大的美容系是在職專班，剛開始一週上課兩天，但寒暑假照樣上課，而且課程內容以術科居多，例如美姿、美儀、美髮、服裝製作……，就算我的中文程度有待加強，也不致造成

大學期間和美容系同學合影，雖然年紀懸殊，一起上課仍打成一片

太大的負荷；遇到上學的日子，我每天先送小孩到學校，自己再到建國科大上課，下課後先到學校接小孩，然後三個人一起快樂的回家。

遇到兒女放寒暑假，他們會陪著我去上課，待在教室後面乖乖旁聽，老師也願意包容，累了可以在校園玩耍伸展筋骨，同學們也將兩個小朋友，當成自己的弟妹，互動很親切，小孩跟著我去念書，反而比待在家裡還快活。

一家三口一起上課的另一好處，是兒女可以跟著媽媽一同增長知識。我很自豪，從小兒女都沒上過安親班，課業輔導都是我一手包辦，女兒現在美國念書，要寫作業時，還可以打電話來找我討論，例如最近就和我一同探討 NGO 組織的議題，母女互動就像同班好友。

我也從兒女身上學到不少新技能，女兒進了小學就開始打網球，她頗有運動天分，被選進了校隊，許多人都誇她，不論身材、球技都有謝淑薇的架勢。我陪著她練球，蹲在球場旁邊撿球，四處參加比賽，打輸了，低著頭一起聽教練訓話，成了她最忠實的粉絲。

剛開始我完全不懂網球規則，看她比賽時，只會在場外拚命叫好；有一次女兒輸了球，下場後忍不住板著臉跟我說：「媽媽到底懂不懂？我失誤，你還拚命拍手叫好，真的很丟臉耶……」

受此刺激之後，我決心要變成網球達人，不但學著打網球，甚至還花時間研讀網球規則，最後順利考上了裁判執照。為了驗證實力，我還曾受邀在彰化縣長盃網球賽執法，也圓滿達成使命。印象最深刻的是，將裁判費支票存入銀行時，櫃檯小姐好奇問了幾句，知道我竟然兼差去當網球裁判，還可以賺外快，不禁誇我：「你真的是全能，十八般武藝樣樣精通啊！」

女兒長大後，不論在台灣或國外，都能兼差當教練教球，賺了不少零用錢；我則靠打網球交了不少好朋友，在立法院經常跟媒體記者切磋球技，除了健身，更建立了新聞圈的深厚友誼。

一般的外配，來到台灣可能就是相夫教子，成了全職的家庭主婦，頂多再兼差貼補家用。但上了大學之後，我走出了家庭，四年的校園學習，拓展了我的生活視野。

以中文為例，原本三句話會夾雜兩句台語的我，一開始因為國語發音不標準，加上詞不達意，不太敢開口；和同學打成一片後，我不僅勇於發問，在課堂上做簡報，還能在中文課發表清明節的論述，更成了班上最樂意與老師對話的學生。果然勤能補拙，累積自信心之後，甚至可以參加奧勒岡制辯論賽，並且還得名，成長之大自是不難想像。

原本我擔心上學念書繳學費，要看老公臉色，後來才發現在台灣念大學很幸

和大學同學相處融洽，在同學的婚禮上受邀擔任「伴郎」

福，每學期的前三名可以領到學校的獎學金，在我努力之下，第一學期就拿到了五千元的獎學金，看著紅包袋中的鈔票，欣喜若狂的回到家中，讓兒女們分享我的喜悅，帶著他們一起去花蓮兩天一夜自助旅遊，度過一次最難忘的親子假期。

我的生財之道還不僅於此，或許因為年紀稍長而且人緣好，同學們喜歡選我當班代，大學四年八學期，我寫下班代八連霸的紀錄。老師喜歡找我當助理，讓我去規劃各項活動，我曾負責召集系上同學，定期到原住民部落和偏鄉去當志工，一去就是兩台遊覽車，差不多有六十人參與，陣容相當龐大。從這樣的活動也讓我知道，原來不是新移民才需要翻譯，原住民長輩也需要翻譯人員幫忙，我們才能提供適恰的服務。從號召同伴，到課程規劃，乃至於最後的結案報告，我都可以一手包辦，完全不用老師費心，累積了良好的口碑，成了最受歡迎的助理人選，最後甚至連英文老師都邀請我去當助教。

印象中最深刻的，是莫拉克風災過後，我組成了義工團，到受災嚴重的偏鄉，去舉辦「義剪」活動，一方面服務災民，幫他們美髮打理儀容，一方也讓同學能實地測試自己的手藝，活動引發熱烈迴響，看著原本愁容滿面的災區民眾，經過同學們巧手打理後，一個個變得光鮮亮麗，露出滿意的笑容，那種成就感讓我畢生難忘。

在學校工作，既可以增長知識，又能增加收入，成了我的最愛。最有趣的記憶，是在圖書館做服務學習的時候，每次三小時，工作是整理書籍，放置在定點以利讀者搜尋，但我一看到書就著了迷，翻個幾頁，不知不覺地被內容吸引，不小心看到睡著，驚醒時往往圖書館都快打烊了，我的書卻還沒排完。

因為我夠勤快，把握每個機會兼差拓展收入，念大學不但沒造成家裡額外的經濟負擔，反而增加了不少外快；大學第一年的學費大約六萬元，但我打工賺來的收入，可以有二十多萬，加上對小孩的照顧，不但沒忽略，反而使親子的感情更緊密，老公雖一開始抱持疑慮，要我放棄求學的念頭，但我堅持：「什麼都可以不要，但就是要念書。」我深知這是最能讓自己快樂的方式，最後老公也被我的投入所感動，完全支持我在學業上衝刺。

在大學中的收穫，除了知識的累積之外，就是積極參與社區服務工作，原本是基於外籍配偶的使命感，藉由舉辦活動，號召志同道合的夥伴，一起往共同的目標邁進，沒想到竟然做出了口碑，最後促成我走上從政之路。

剛開始我負責帶領學弟妹的樂活社，召集大家一起投入社區服務。這個服務學習初體驗不算成功，從一開始有二十多人報名，沒多久只剩下六、七人友情相挺繼續參加，說實話，要大家跟著我去整理一個荒廢多年的社區活動中心，是很辛苦的，雖然當時雷聲大雨點小，但沒澆熄我的熱情，大二時，我就成立了新移民發展與交流協會和社區發展協會，繼續往我最嚮往的社服領域前進。

帶領大學樂活社的學弟妹到社區服務

推動移民與在地社區的民眾互相認識、彼此欣賞、族群和諧，是我在從事社區工作的初衷。但服務新移民，需要深入他們的家庭，當時與團隊討論之後，建議我成立新移民服務據點，讓團隊更名正言順的到移民家庭中提供服務。但是申請成立據點時，因為相關行政程序，在縣府經過來回補件等程序，等待了將近一年的時間，也經歷兩任科長，都沒消沒息，我被協會同仁和社區長輩追問到受不了，逼不得已，直接約訪了負責的科長，和他聊了兩個鐘頭，感受到的挫折，讓我在過程中幾度差點忍不住要落下眼淚，回程時，在我腦海裡一直迴盪著他的一句話：「台灣的社工都做不好了，你一個外籍新娘能做什麼？」社工這個新的名詞，激起了我的鬥志，馬上上網搜尋這個關鍵字，到處詢問哪裡可以讓我去進修充實專業的社工知識。

調查後發現，靜宜大學的週六與週日，開設了社工學分班，我連忙去報名，但已經開課兩週了，而且規定很嚴格，不收像我這樣中途插隊的學生，課程中甚至只容許請幾個小時的假，否則就拿不到結業證書。一報名就吃閉門羹，我並不氣餒，決定直奔教室，找老師求助。

由於求知若渴，上課時，我還沒得到老師許可，就直接坐在教室前排正中間沒人坐的空位旁聽。老師注意到我這個新面孔，問清楚來意後，立刻搖搖頭，要我等到下期再報名。

一般人或許會這樣就知難而退，但我則是鍥而不捨，隔週照樣到教室報到，懇求老師讓我報名。甚至還使出柔情攻勢，寫信給其他任課老師，說明我想將所學運用在社區服務的決心，終於打動了校方，破例准許我中途報名。

接到報名通知時，為避免夜長夢多，好事一夕生變，我立刻到辦公室繳費，但學分班的學費不便宜，一口氣要交四萬八千元，我掏出信用卡，額度也才二萬元，趕緊就近找了提款機，提出現金補足。奮戰了大半個月，總算如願以償。

假日上課，家中的一對寶貝，當然得隨行。姊弟倆原本不太樂意，但我哄這對寶貝：「這次的學費很貴，你們跟著媽媽，三人一起去上才划算。」姊弟倆被我說動了，跟著我進了教室，但小小年紀終究很難坐上一整天，大致是上午上課，下午就在校園玩耍，也算是自得其樂。更有趣的是，婆婆不放心兩個寶貝金孫在偌大的校園趴趴走，偶爾也會跟著來上課，一人繳費四人學習，我的學費發揮了最高的CP值。

令人訝異的是，小朋友上大學社工課程，竟然也能聽得津津有味，是班上最常與老師互動的「同學」，而且會以自己生活中的例子舉一反三，回答老師的提問。

老師以鍋子為例，教大家如何設計問卷，從價格級距、功能取向等變數中，調查出哪款鍋子最受歡迎；沒想到，兒子回了一句：「消費者心中，肯定是不要錢的最受歡迎啊！」不但讓全班哄堂大笑，也令老師印象深刻。出國考察回來，還不忘買一大袋巧克力，獎勵這位經常提出另類思考的「同學」。

碩士畢業照（由兒子擔任攝影師）

我們三人在下課回程的車上，會把今天課堂上不敢問的事，用不同的面向來對談討論，又或者，在上課途中，兩姊弟坐在後座，也會彼此分享他們班上發生的事。有一次姊姊和弟弟說起：「我班上有一位同學被欺負……」弟弟馬上回：「他需要社工介入輔導嗎？」

女兒上小學後，忙著練網球，兒子陪我上學的機會較多，我的社工學分班課程，兒子大概有八成都上過，母子一同求學的過程，應該也是他們成長歷程中的珍貴回憶。

[6]

當志工改造社區——無論在何處，永存服務人群的一顆心

如果Google「林麗蟬、長春社區」，肯定會發現不少我的報導；我作夢也沒想到，當初因為不忍社區活動中心長期荒廢，成了人跡罕至的廢墟，號召樂活社的同學們開始動手整理，竟然成為我社服志業的開端。

在大學中的收穫，除了知識的累積之外，就是積極參與社區服務工作，我曾在台中當志工，但奔波台中、彰化兩地，不僅耗費時間，交通費高到連家人都吃驚，或許是想多增加彼此相處時間，家人建議我，如果想傳播愛心，為何不從家鄉開始？

我居住的花壇鄉長春社區，有個社區活動中心，因為無人照顧，長年大門深鎖，最後不僅成了蚊子館，甚至破落到有幾分恐怖片的氛圍，女生若沒人陪同，應該不敢進入，有時大孩子們還會呼朋引伴去「探險」試膽，我看在眼裡很心疼，暗自下定決心，要將這個廢墟，打造成凝聚社區居民的基地。

想歸想，要將宛如鬼屋的活動中心，整理到我心目中的樣貌，絕非我一己之力所能及。我大二時就帶領了大一組成的樂活社，每週一次集體出動，整理社區活動中心，希望打造一個社區居民活動的據點，跨出我回饋鄉里的第一步。或許是空間閒置太久的緣故，整理起來很累人，過程也嚇跑很多學弟妹，這個服務學習初體驗不算成功，從一開始有二十多人報名，沒多久只剩下幾位友情相挺繼續參加。

打開活動中心大門的場景，我至今仍難以忘懷。由於荒廢已久，屋內不僅油漆斑駁，還積了厚厚的灰塵，牆上結了蜘蛛網，地板上還有大量小動物，例如壁虎、老鼠、昆蟲的屍體，許多人嚇得驚聲尖叫，宛如恐怖片的場景再現，毀壞的程度甚至到了破窗處處，卻沒錢買玻璃補，只能用報紙糊上，還被記者封為「報紙社區」。

我做社區工作的原則是，以民眾的需求為優先考量，而不是以申請政府補助為主要目的，以免受限於公家機關的諸多規定。因為社區所有人力來源完全靠招募志工，雖然一開始大家都在觀望，但當逐漸展露成績時，鄰居們開始主動加入，最多時志工人數竟然有上百人。我依照大家的專長分組，例如有水泥工或木工專長的，各自成立專責小組；沒有特別專長，但有熱忱和體力的，就負責打掃與搬運雜物，讓大家能發揮所長。

儘管有不少學弟妹、新移民姊妹、社區居民熱心投入，但活動中心實在荒廢太久，清理工作相當繁雜且耗時，足足花了一年多，才達到我心目中理想的樣貌。這與外界想像的煥然一新仍有很大的差距，只能一切從簡。

硬體上軌道後，社區終於有一處可以提供長輩們泡茶聊天的好地方，還有幾位長者都帶著孫子或曾孫來活動中心玩。阿公阿嬤聊得開懷大笑，孫子在旁哭鬧，我拿著餅乾哄他們，但餅乾吃完，孩子們繼續鬧著要回家，當下心裡又開始思考，如果社區有一個閱讀空間可以提供給孩子，該有多好。我開始構思如何充實活動中心的軟體，決定要成立社區的閱讀中心，目標五百本，希望認識我的朋友能夠人人

「捐一本書」。我將這句話廣傳給所有的好友，有一位記者打電話來詢問，了解這個緣由後，他也邀請了其他記者朋友一同前來採訪，將訊息擴散出去，或許受到我的熱情感動，各地的書籍開始湧入活動中心，最後總共募來一萬多本書籍，小型圖書室就此順利開張。

許多人覺得不解，我為何不發動募款，反而從募書開始？我的想法很簡單，與其募款將活動中心裝潢得美輪美奐，不如充實

幫社區募集二手書，有善心人協助製圖宣傳

精神食糧，因為知識可以改變貧窮，也能改變歧視，許多當地的長輩，仍習慣稱外配為「外勞仔」，或許是口頭禪，並無惡意，但聽在我與外配姊妹耳中，仍然覺得刺耳，與其苦口婆心的勸導，我仍希望能通過活動中心的教育與互動，讓長輩們潛移默化，能夠自動改口，打從心中認同新移民。

「報紙社區」經媒體報導後，吸引了各界關注的目光，不但募到了上萬本書籍，清潔隊也會主動從回收場中，挑選仍然堪用的課桌椅，乃至於沙發，主動送到活動中心。活動中心附近的鄰居，甚至捐出了私人土地，打造「地景公園」，種植可食用的蔬菜類植物，也讓活動中心的景色更美觀。

硬體初具規模後，我開始思索要如何凝具人氣，以免苦心重生的活動中心，再度成了冷冷清清的蚊子館。凝聚社區向心力的第一步，我決定還是從環境清潔開始，每週日清晨號召大家打掃街道，有了上次社團同學們愈打掃人愈少的經驗，我從中記取教訓，首先號召自己家人開始做志工，後來有早晨運動的長輩陸續加入，把健走改成到社區內巡邏當環保志工，逗陣打拚為社區環境貢獻心力，鄉下地方人情味濃，短短時間內，大家都感染了這股愛社區的熱潮，每週日早上幾乎是家家戶戶都動員，參與掃街活動，最奇特的是，遠從柬埔寨來台灣探親的媽媽，多次看到大家有志一同，為了美化社區而努力，也跟著拿起掃把，加入了環保志工的行列。

掃完街後，長輩們回到社區一同享用廚師志工親手料理的早餐，大夥開心聊天聚餐，能讓居住環境煥然一新，還能開心串門子，這應該是長輩們樂於參加掃街的

到現場拜訪，調查新移民就業需求

原因。從長輩的對話中，我發現聊天話題脫離不了政治，大家為了自己支持的政黨，往往一語不合，爭得面紅耳赤，不但有損彼此的交情，情緒激動之餘，更可能傷害健康。我開始思考，如何開設課程，讓長輩們有更多愉快的共同話題，而且還能活用大腦，降低失智症的風險。

活動中心雖然有萬本藏書，但對許多長輩卻不受用，一來許多人視力退化，很難長時間閱讀，二來有些長輩教育程度有限，或甚至沒上過學，根本不識字。於是我在活動中心安排的第一堂課，便是「無字讀書會」，讓每位長輩帶著自己珍貴的老照片，到課堂來講故事，並且很幸運的說服了一位由民政處退休的處長來擔任義務講師，但他得由彰化市來上課，往返交通時間得近數小時，熱誠令人感動。

為了要將故事說得精彩動人，長輩們得在家裡翻箱倒櫃找照片，思索五、六十年前，甚至更久前的往事，腦力激盪有益於增進大腦的活力。在課堂上，經常有老先生秀出自己年輕時的照片，告訴大家自己在少年仔的時代，可是一位大帥哥，讓

向小朋友們解說環保教育課程

大家笑得開懷。

照片帶來的，不僅只有歡樂，當然也有感人的時刻。有老阿嬤帶著她年輕時的照片，訴說自己辛勞的一生。八歲就得開始幫忙家務，家中經濟拮据，她只能羨慕的看著弟弟去上學，長大後結婚生子，為了家人奉獻一生，最遺憾的是，自己從沒機會踏入校門，沒能坐在教室跟著同學一起「讀冊」，一生的真情告白，讓不少同學動容。

老照片的故事反應甚佳，同學們話匣子一打開，往往欲罷不能，早上九點開始的課，大家你一言我一語，往往說到中午十二點還沒辦法下課。由於長輩們的故事太精彩，我覺得若能以文字保留，將會是很寶貴的資產，於是開啟了小型的「口述歷史」的計畫——志工三人一組，通常是二位新移民姊妹採訪，搭配一位年輕的學生攝影，設定主題採訪長輩，提到過往的故事，許多人彷彿走入了時光隧道，情緒起伏激動，在鏡頭前完整展現。長春社區的八卦寮、茄冬樹還有近一半居民種植的茉莉花，也成了「口述歷史」經常提到的題材。其中有一位害羞的受訪者，是高齡九十歲的阿嬤，笑著對我說：「我都這麼老了，在等死了啦，我的經驗沒啥用處了。」我也會笑著鼓勵她：「阿嬤，您有九十幾年的生命故事可以跟我們分享，故事還沒說完，您不准走……」採訪了二十人之後，我決定舉辦一場成果展，讓更多人能知道長輩們精彩的一生。開展時，有些受訪的長輩已經過世了，家人看到我們採訪的成果，有許多故事是長輩們一生中從未向家人提及的，感動得熱淚盈眶，更堅定了我為社區服務的理念。

「無字讀書會」獲得肯定後，我開始構思其他的活動，觀察長輩們除了愛聊天鬥嘴，另一個共同的喜好是唱歌，於是活動中心開設了歌唱班，讓長輩們可以大展歌喉。有趣的是，歌唱班的老師都是新移民，分別來自澳門、大陸和東南亞，在我和老師們精心設計下，長輩們上台唱歌前，要先分享自己與歌曲的故事，讓大家了解為何要選這首歌。於是老爺爺談起了〈綠島小夜曲〉，是思念在白色恐怖年代

第一屆新移民二代論壇

被當成政治犯送到綠島管訓的親人；鄰家阿公回憶所唱的情歌，是當年點播給天天守在收音機旁的初戀情人，還有阿嬤用歌聲來追思已經過世的老伴，或許歌聲五音不全，但配合扣人心弦的故事，聽起來卻格外動人。

活動中心的課程是六個月一期，寒暑假不排課；因為避免受政府左右，我堅持不申請補助，只收微薄的材料費，儘管如此依然反應熱烈。寒暑假不排課的那兩個月，大家反而都引頸期盼，希望能早日「開學」，課程受歡迎的程度，讓我很是欣慰。

其中尤有特色的一堂，是集合了來自東南亞不同國家的姊妹們，開設了廚藝課程，教導長輩們如何運用在地食材，烹飪出具有東南亞特色的美食，例如涼拌青木瓜絲、打抛豬、三色飯……等，原本是當地的家常菜，經由姊妹們精心調製，變成了一道道聚餐時的特色美食。長輩們不僅吃得津津有味，也跟著姊妹們從青木瓜削皮、刨絲開始，學習如何 DIY，回家後，餐桌上也常出現東南亞特色料理；更重要的是，透過廚藝的交流，外配姊妹們在長輩心中的地位，從「外勞仔」，搖身一變成為「老師」，從此不再矮人一截。

活動中心的課程愈來愈多元，還有書法課、美術課，令人驚喜的是，甚至有些「名師」也主動前來授課，知名度最高的，應該是前彰化縣長翁金珠，她是學音樂出身，曾擔任過音樂老師，同時也熱愛作畫，在當縣長時重拾畫筆，用批公文的鋼筆畫起窗前花草，鋼筆畫成了她的獨門特色，曾開過多次畫展，前縣長願意前來教授繪畫，更讓我受到鼓舞。

從事社區服務的過程中，唯一的遺憾，是沒能取得媽媽的諒解。她來台灣探親時，常住在我們家，看到我生了一兒一女，而且還考取乙級美容師執照，可以有不錯的收入，感到相當欣慰。某次她來台灣時，原本興高采烈的陪著我去掃街，卻發現我對社區服務的投入愈來愈深，還整修了活動中心，開始勸我有時間應該多接新娘化妝等工作，多多充實荷包才實在，不該為了公益活動，將鈔票往外推。

擔任鐵道志工，在火車上導覽鐵道文化歷史

我試著跟媽媽說明，但她始終無法理解我的用心，母女倆愈講愈激動，最後竟然大吵一架；媽媽一氣之下，隔幾天就拎了行李搭機返回柬埔寨。兩個多月後的某個晚上，我突然接到弟弟來電，氣急敗壞的說：媽媽心臟病突然發作了！我腦袋一片空白，要他趕緊將媽媽送往醫院急救，無奈最後還是回天乏術。

沒想到這次的吵架嘔氣，未能及時跟媽媽化解心結，我們竟就此天人永隔，好多想說而未說的心裡話，成了我一生中最大的遺憾。

儘管來不及讓媽媽認同我的努力，但義工的工作確實讓我的心靈獲得很大的滿足，我全神貫注地投入社服工作後，往往忙到許久沒有向已逝的爸爸訴苦，直到某天，我驚覺怎麼也感受不到他的存在了，爸爸似乎冥冥中知道我的人生已有了新的依靠，那個需要他時時呵護的小女兒已經長大了，他可以從此安心，在天堂與媽媽幸福團聚了。

[7]

獲選十大傑出青年——加入青顧團，催生新一代海外培力計畫

許多人從事社區工作，目的是要累積人脈與知名度，假以時日就可以投身選舉。我在社區志工和家人的鼓勵下，後來也出任長春社區發展協會總幹事一職，許多人都認為我應該有心從政，未來可能會參選村長、鄉長……，但我一直對政治沒有企圖心，最後會成為立法委員，完全不在計畫之中。

我投入社區服務的出發點，只是希望協助長春社區活動中心恢復正常，社區運作慢慢上軌道，同時帶領新移民朋友加入社區工作，盼能弭平族群間的差距，讓新移民盡早融入台灣社會。投入社區工作前，早在二〇一一年，我已邀集三十位外配，成立「台灣新移民發展與交流協會」，用意是協助單親、弱勢的新移民，能盡快在台灣落地生根，同年，也將社區發展協會重新籌組，完成立案。

剛開始，我的理念很難取得大家認同，有人質疑：「外配姊妹們，只要盡責把自己的小孩顧好，就已經難能可貴了，哪有時間去管別人的事情！」但我總認為：「社會進步不能只是自己好，必須大家好才能創造未來，進步動力來自於環環相扣，不能只是自掃門前雪。」

我曾經協助過一位同樣來自柬埔寨的外配，她在上班途中不幸因車禍過世，離婚的前夫竟不願伸出援手處理後事。我輾轉通過各種管道，好不容易聯繫到她遠在柬埔寨的家人，通知他們趕赴台灣治喪。歷經此事，我深感外配的困境，與遇到困難時的無依無靠，也更積極地推動協會事務。

對外配姊妹的使命感，源自於我對故鄉與媽媽的思念，二〇一二年我參加了台中市文化局舉辦的「果情花意」新詩比賽，創作了一首新詩——〈棕櫚糖之嫁〉，道盡了對突然離世的母親的思念，以及促使我從柬埔寨來到台灣的這段異國婚姻的源起：

母親手裡一把吳哥窟帶來的棕櫚糖砂
是我墜入鄉愁的流砂

那長自二十年長成棕櫚糖樹上待嫁的花朵
夫家田裡一顆媽祖廟祈回的檳榔心芋
是我墜入姻緣的相遇
那源起於數百年修得菩提樹下命定的繡枕

許多人當上總幹事或理事長後，就會想一直連任做下去，當成是自己的資源，成為日後更上層樓的跳板，說什麼都不肯放手；我卻有不同的看法，成立協會的目的是為了達成訴求並解決問題，如果問題已獲解決，代表當初設定協會的目標順利達成，我會毫無懸念的考慮解散協會。許多人認為協會好不容易才有了知名度，當然要繼續運做下去，這是非常寶貴的資源；但我從事社服工作的初衷，就是希望能助人，不是為了自己，也或許因為無私，沒有不必要的包袱，我才能夠在短短的時間內，創造讓外界耳目一新的成績。

從事社區服務與公共事務的成績逐漸發酵，使我得以獲得各界諸多肯定，二〇

[7] 獲選十大傑出青年

加入青顧團，催生新二代海外培力計畫

一三年剛滿三十七歲的我，被選為「十大傑出女青年」，也是首位獲獎的新移民；當全家人還沉浸在得獎的喜悅中，同一年，我又獲頒「十大傑出青年」。與我同時獲獎的，還有超級馬拉松國際金牌選手陳彥博、奧運舉重銀牌得主許淑淨等人，我也成為全台首位，在同年內榮登兩項傑出青年榜的新移民，得獎理由是：雖是柬埔寨新移民，卻能懷著滿腔熱忱與助人之心，建立新移民與本土居民共同合作的嶄新社福

就職前，拜會楊玉欣前立委，向前輩請益

平台。

得獎固然令人雀躍，更讓我高興的是，這代表台灣社會已經開始重視我全心投入的新移民議題。獲獎消息傳出的隔天，一張寫著「恭賀林麗蟬獲頒十大傑出青年！」的鮮紅祝賀海報，立刻張貼在花壇鄉長春社區活動中心入口處。但我沒被從天而降的頭銜沖昏頭，或得了大頭症，週末清晨一早，我和家人依然與十來位村民，進行例行的掃街活動。掃

初進立法院，第一次發言抽籤

街結束後，我就帶著兒子去員林市，陪伴著一群新移民姊妹一起上電腦課，該做的工作一切如常，得獎的意義，只是激勵我更堅持，往自己的目標前進。

我全力以赴的社服工作，原本與政治宛如兩條平行線，但一年得獎兩次，讓我躍上了許多媒體的版面，也讓政府機關開始注意新移民權益的問題，二〇一四年的太陽花學運，更意外將我推入了政壇。

由於當時馬英九政府力推的《海峽兩岸服務貿易協議》受到社會高度關注，二〇一四年三月十七日的立法院聯席會議上，國民黨以《服貿協議》審查超過九十天，依法視為已審查為由，將之送交立法院院會存查，引爆了太陽花學運。三月十八日至四月十日期間，大學生與公民團體共同發起反服貿的「公民不服從運動」，由抗議學生主導的抗爭運動，不但占領了立法院，癱瘓了議事，還曾一度嘗試占領行政院，成為國際媒體報導的焦點，最後在立法院王金平院長承諾，制定《兩岸協議監督條例》後，抗議學生與民眾在四月十日退出議場。太陽花學運總計占領議場達五八五個小時，不但《服貿協議》胎死腹中，馬政府的聲望也受到重挫。

有感於政府的政策與青年認知有不小的差距，馬總統於二〇一四年五二〇就職六週年的演說上，公開宣示要組成「青年顧問團」，傾聽青年的聲音，作為政府施政的參考。君無戲言，更何況在太陽花學運後，外界對馬總統的青年政策高度重視，五二〇談話後，馬總統迅速指派行政院長江宜樺籌組「青年顧問團」，江院長則委由政務委員馮燕統籌規劃。

出身於學術界的馮燕，是台灣早期赴美留學返台的社工博士，她不僅是台大社工系創系主任、曾任台大學務長等要職，除了學術領域的亮眼表見外，在非營利組織中，也經常看到她的熱血身影，催生了兒童福利聯盟、聯合勸募協會等機構，被譽為「一輩子的社工人」。

馮燕關注的社服領域，與我長期投入的新移民權益運動不謀而合，經由她和當年的移民署長謝立功的鼓勵，收到教育部青年發展署提供的簡章資訊後，我也報名了「青年顧問團」的徵選活動。

行政院對第一屆青年顧問團的徵選相當重視，組成了超重量級的評審團，聘請了教育部部長蔣偉寧、農委會主委陳保基、陸委會主委王郁琦、政務委員馮燕、政務委員蔡玉玲以及發言人孫立群出任官方代表，還找來特力集團執行長童至祥、「肯夢」集

夜宿立法院，排隊送提案

主席

團創辦人朱平、「夢想學校」創辦人王文華、廣播主持人黎明柔、弘道老人福利基金會執行長林依瑩及台大電機系副教授葉丙成，六位不同領域的重量級精英，擔任民間評審，以求遴選過程更具多元性及公正性。

徵選過程分初審、複審及決審三階段，報名十分踴躍，共有二四八人報名，原本是打算選出十九至二十五人組成首屆顧問團，但遴選委員詳細評選後，認為許多入圍者的表現出色，實在難以割愛，經六位民間委員強力推薦，決定多錄取兩位。最後錄取的名單，共有男性十八位、女性九位，平均年齡約二十七歲，兌現了馬總統五二〇的承諾。

當時與我同時進入青顧團的，還有 TED Taipei 創辦人許毓仁，協助太陽花學運刊登海外廣告的募款平台 Flying V 創辦人林弘全……等，個個都是青年才俊；由於當時媒體對我仍然很陌生，介紹我的資歷時，寫的是外籍配偶美髮師，在眾人傑出的經歷中，格外引人注意。

青年顧問團於七月組成，當月就召開了第一次會議，分成六組進行圓桌會議，江宜樺院長率五位政務委員與教育部代理部長參與討論，會議足足開了二・五小時，期間江宜樺會輪桌聽取意見，展現政府對青年意見的重視。

按照行政院的構想，青顧團將每三個月召開一次，其間可視需要隨時召開分組會議，用意是扮演政府與青年的溝通橋梁，發揮諮詢及建言的功能，讓政府施

立法委員林麗蟬
新住民立委林麗蟬 推動新住民基本法
15:04
權益邁進
重視新住民權益 新住民基本法正式啟動

政更符合青年的需求。

能獲選進入青顧團，讓我獲益匪淺，我把握每次開會的機會，視興趣加入每場分組會議，雖然因為專業不同，許多內容無法完全理解，我依然聽得津津有味，對拓展視野大有助益。

第一次開會後，青顧團就提出了多項建議，我針對最關心的新移民權益問題，提出了「柬埔寨人申請我國入境簽證，應開放國內外交部櫃檯申請辦理」的建議，供相關單位參考。改善柬埔寨來台簽證的便利性，從此就成為我長期關注的焦點。

近年來，國人到柬埔寨投資、工作人數越來越多；但礙於柬埔寨一向親中，政府目前無法在柬埔寨設立辦事處，國人在當地遇到困難，外交部只能夠從越南胡志明市去幫助在柬埔寨的國人，然而，「遠水救不了近火」，根本緩不濟急，導致台商多半求助於商會、同鄉會，甚至只得尋求中國大陸大使館的援助。

更值得關切的是，目前在台柬埔寨新移民人數約有四千三百人，這個數字背後代表著台、柬兩國八千六百個家庭，也代表著台、柬兩國民間社會因跨國婚姻而產生的緊密連結。遺憾的是許多柬埔寨新移民的父母、兄弟姊妹，受限於台柬外交關係中斷，想要來台探親，辦個簽證卻困難重重，往往要透過代辦業者輾轉送件到越南，代辦費用所費不貲。許多經濟狀況不好的家庭，為了省錢，長期忍受親情分離之苦，令人聞之鼻酸。

從青顧團開始，到我正式進入立法院，我不斷呼籲外交部率先釋出善意，建議外交部開放柬埔寨外配的父母、兄弟姊妹來台探親，可適用電子簽證，減省行政程序，促進兩國人民交流往來。在多年努力之下，外交部總算同意讓柬埔寨外配的家人，可採用電子簽證來台探親，爭取較友善的簽證政策終於開花結果。

青顧團的任期是一年一任，或許是表現良好，我又連任了一屆，歷經了江宜樺、毛治國、張善政三位閣揆。在開會時，我提出建言：台灣大約有三十六萬名新移民二代，其中還有二十萬人就學中，如果可以利用假期回到父母的原生國，跟著祖父母、外祖父母或親戚學習語言、體驗文化，不僅可以拓展視野，更可以強化新二代在文化、語言的優勢，成為未來台灣南向政策的種子。

我的構想並非天馬行空，靈感來自於曾送女兒回柬埔寨念過兩個月的當地學校，時至今日，女兒雖不記得柬埔寨語怎麼說，但至今仍會用臉書、微信等社群軟體，持續以英文與柬埔寨親朋好友聯絡，她在柬埔寨的朋友，甚至比我還多。兒

內政委員會發言第一個簽到

子也曾跟我回柬埔寨拜訪親戚，參觀友人的電商企業，對他有不少啟發。這項構想獲得行政院官員的支持，於是我整個春節假期在家中閉關，完成了「新住民二代海外培力計畫」企劃案。

新二代海外培力計畫推出後，由移民署負責執行，反應相當熱烈，每次遴選的報名人數相當踴躍，暑期的補助甚至上看七萬元，從二〇一六年開始，已經執行了五屆，以二〇二〇年為例，共有一〇三組提出申請，評選後總計有三十六組七十七人出國實踐計畫。地點除了東南亞之外，還包括了香港、美國、比利時、宏都拉斯、中國大陸，幾乎是地球村的縮影。回到父母原生國，除了認識不同國家文化、提高學習母語的動機外，也可把握機會向海外親友介紹台灣，促成雙向文化交流，回台後在校園或社區中分享心得，讓台灣文化更加多元，對族群融合大有助益。

二〇一五年十月，歷經國民黨內廢止原總統大選提名人洪秀柱的「換柱」風波後，國民黨決定改由朱立倫主席參選總統，朱主席開始構思，要在十一月提出一份讓外界耳目一新的不分區立委名單，展現國民黨的改革決心。根據統計，台灣的新移民人數，大約占五十五萬個家庭，而且逐年成長，已經超越原住民，與閩、客、外省、原住民，合稱台灣五大族群。我因在行政院的表現獲得推薦，朱主席決定提名我為國民黨不分區立委，並躋身安全名單的前段班。

在此前，我與朱主席並無淵源，幾乎是不認識，但他為了表現誠意，可能也為了選前保密，因此沒透過幕僚就親自打電話邀請。還記得電話響起時，我正在廚房做飯，看到陌生的來電號碼，接通後，對方說：「麗蟬你好，我是朱立倫……」我沒等他說明來意，下意識回了句：「朱立倫？是經常上電視那位，國民黨主席朱立倫嗎？」

這通邀請出任不分區的電話，前後不超過三分鐘，因為來得突然，寒暄加上確認朱主席的身分，就超過一半的時間。在聽到邀請我擔任不分區立委的當下，我雖然稍有猶豫，但仍在深思熟慮後應允——青顧團的經驗，給了我前進立法院的動力，期盼能幫新移民做更多的事。

與跨黨派女立委們共同受邀合影

二〇一五年十一月二十一日，國民黨通過不分區立委名單，前幾位依序是王金平、柯志恩、陳宜民、林麗蟬、許毓仁、曾銘宗……，從第二到第五位，外界普遍解讀涵蓋了教育、醫療等各領域的專業人士，我排名第四，展現了國民黨對新移民的重視，來自柬埔寨的外籍配偶竟能成為中華民國立委，進入立法院殿堂，無疑在台灣選舉史上，寫下全新的一頁。

[8]

前進立法院——藍綠都稱讚的國會新血

接獲國民黨不分區立委的邀請詢問後，我苦思了兩個禮拜，因為不論是柬埔寨的娘家或彰化的夫家，在此之前，家族中從未有過從政的先例，內心掙扎到最後一刻才同意接受提名，成為國民黨不分區的立委。當時我曾詢問還是高中生的兒子：「如果媽當立委，你覺得好不好？」兒子反問我：「為什麼要當立委？」我向兒子解釋，不管當立委、議員或更基層的民代，翻譯成我的母語柬埔寨文，都是「代表人民」，為人民發聲去推動政策。我從事新移民的社會工作多年，深知有些問題只能仰賴政府去解決，幾經考慮後，我決定走入立法體制內，推動服務五十幾萬新移民家庭的各項政策。

另一個讓我決定進入國會的原因，是想透過參與實際的政治運作，來驗證所學。自建國科大畢業後，我的學習之路並未停止，許多人一想到上課交作業、考試、寫報告，就覺得壓力沉重，但對我而言，念書不但可以充實專業知識，更能讓我忘卻生活中種種的不愉快，成為我最佳的紓壓方式。

我曾受到縣府科長不經意的一句「台灣的社工都做不好，你一個外籍新娘能做什麼？」激勵，到靜宜大學進修社會工作師學分班，跨入了社會工作的領域。大學畢業後，因為擔任協會理事長，我開始對NGO（非營利組織）產生興趣，決定進一步報考國立暨南大學非營利組織經營管理研究所，我的碩士論文題目是「第三世界國際NGO發展經驗之研究——以柬埔寨國際青年商會為例」，有專業人士看

全國巡迴論壇，彙整移民相關修法的民間意見

過後，向我形容，論文中的研究對象，就是六十年前台灣NGO的樣貌。二〇一五年順利取得碩士學位後，更加深我投入政壇，驗證所學的動機。

隨著立法院開議，中華民國史上第一位具有新移民身分的立法委員正式亮相，大家對我的問政表現充滿好奇。第一次登場，在內政委員會質詢時，我就以流利的台語詢問列席官員，不但媒體大幅報導，連民進黨立委都豎起大拇指，大家都沒想到來自柬埔寨的外配，質詢不只中文流利，台語更是嚇嚇叫；時任主席的陳其邁也不禁誇獎我，台語講得比馬總統還好。我則非常接地氣的回應：「我自從嫁到台灣以後，自認是台灣人，吃台灣米甚至比吃柬埔寨的米更多，已經完全融入這塊土地。」

流利的台語是我的優勢，但要能說服同僚，並讓官員心服口服接納我的提案，還是得提出扎實的法案訴求。一番長考後，我提案要求修正《國籍法》及《兩岸人民關係條例》，要求行政機關若要撤銷已在台設籍的外配國籍或陸配戶籍，必須先

推動在全國各地設立國際志工，由新移民組成

助其回復原籍後，才能撤銷原本的中華民國國籍或戶籍。

一般民眾或許對《國籍法》很陌生，但其中某些不合理規定，卻是導致新移民配偶淪為無國籍人球的原因；特別是《國籍法》及《兩岸人民關係條例》均規定，外籍或大陸人士，若要在台灣定居設籍，必須先放棄原有國籍，但一旦遭法院判決或有事實認定為假結婚、假收養，行政機關就可以撤銷當事人國籍。

這條法規的用意，在於杜絕不肖分子以假結婚或假收養的方式來台設籍，出發點看起來的確很正當，但在實務操作上卻有極大漏洞。我接觸過不少案例，是台灣籍的配偶想要甩開新移民外配，卻不想經過離婚程序，以規避贍養費等應盡義務，反而鑽漏洞，向司法機關自首假結婚，法院一旦認定後，外配或陸配的國籍就會被撤銷，無法在台灣生活。

更令人髮指的是，碰上這種無良配偶，新移民不但要承受婚變的衝擊；更慘的是當初為申請歸化、在台灣設籍，早已放棄其原先的國籍，如果另一半的詭計得逞，新移民又會被行政機關撤銷中華民國國籍，馬上就變成無國籍人球，陷入無法留在台灣，但也無法返鄉，如此進退不得的窘境。

我在立院質詢時，語重心長的呼籲，台灣一直向國際宣傳、營造注重人權的國家形象，但因為法律的漏洞，中華民國反而成為製造無國籍人球的大本營。隨著世界各地戰爭的爆發，有些人道團體甚至提倡台灣行有餘力時，應該思考效法西方國家，收容國際難民，然而值此同時，很多人不知道台灣其實不斷產出無國籍的國際難民，這樣矛盾不合理的情況，政府豈能視若無睹？

為了解決無國籍人球的悲劇，我上任後立即推動《國籍法》部分條文修正案，並於二〇一六年十二月九日三讀通過，讓外籍配偶可以先確定歸化我國國籍後，再放棄原有國籍，保障新移民朋友不會在申請過程中，面臨成為「無國籍人球」的風險。

此外，我更提案修正《國籍法》及《兩岸人民關係條例》，行政機關若要撤銷外籍人士的中華民國籍或大陸人士的在台戶籍，必須先召開審查會給予當事人陳述機會，避免只聽信另一半捏造假結婚的片面之詞，就做出錯誤決定。若審查會仍決議要撤銷當事人的國籍或戶籍，行政機關應先協助其回復原有國籍或戶籍後，才能撤銷，這也才合乎人道立場。

接下來的立院總質詢，我將焦點鎖定陸配取得身分證的時間，由原本的六年，比照外配改為四年，也就是俗稱的「六改四」。不論是陸配或外配，最期盼的莫過於能早日取得身分證，這不但證明他們已成貨真價實的台灣人，也展現對這塊土地的認同感和歸屬感，更重要的是大幅減少工作的障礙，因為沒有身分證，求職時很容易碰壁，更不可能到政府機關謀職，別說是擔任公務員，連約聘雇類的基層工

爭取陸配身分權，和支持團體上街頭

作，如工友、清潔工都沒機會，不僅嚴重影響收入，更扼殺新移民的就業權。

但陸配取得身分證的法源是《兩岸人民關係條例》，外配則是《國籍法》。陸配要先在台依親四年，才能申請長期居留，滿兩年取得身分證，順利的話，最快也要六年才能完成程序，如果遇到阻礙，甚至可能要拖個七、八年以上。一般人很難理解，為何想要成為新台灣人的路竟會如此漫長難行？其中《臺灣地區與大陸地區人民關係條例》第二十一條規定，大陸人民來台，縱使取得身分證，十年內仍然不得擔任公務員、教師及國營事業人員，連不涉及重要機密的單位，都被無差別禁止。換言之，陸配來台，取得身分證最快要六年，然後再等十年，才能換得進入公家單位服務的資格。

我在總質詢時提醒行政院林全院長：「陸配和外配明明都是新移民，為何取得身分證的規定會有不一樣？這樣的不平等待遇，擺明了就是歧視。」我也向蔡英文總統喊話，在台陸配約有三十五萬人，他們不但可以影響家庭，也可以動搖中國大陸，甚至影響兩岸關係，「六改四」看似只是政策的一小步，但蔡政府若能主動釋出善意，將是推動兩岸交流的好時機，不妨審慎評估。

在我的努力下，院長林全和陸委會主委張小月，備詢時曾一度鬆口，表示支持陸配取得身分證比照外配時程，不料此語一出，引起不少綠營立委反彈。林全和內政部長葉俊榮隨即髮夾彎，改口稱陸配和外配之間仍「有些不同」。

因為推動六改四，讓我了解民進黨內的確有不少委員是逢中必反；因為國民黨的支持，我們曾在內政委員會，趁著民進黨委員未到場開會，取得人數優勢，通過六改四的提案。但下次開會，民進黨不但翻案，讓陸配取得六改四的希望破滅，甚至還要求取得身分證前，必須通過國民權利義務基本常識測驗，刻意加高了門檻，用心不言可喻。

對於這樣的轉變，我又氣又急，首次總質詢時就火力全開，以台語提出嚴厲批判批評，砲轟民進黨歧視新移民：「陸配不能比照外配，要六年才能取得身分證，已經不平等了，但是民進黨還要提案，加考國民權利義務，新政府簡直是倒退嚕！台灣號稱是重視民權的國家，這難道是族群和諧該有的嗎？不能仗著人多，就可以霸凌少數族群，不能因為有壓倒性的表決優勢，就可以不講理，不能以立法從嚴為由，就可以不顧人權，內政委員會這樣粗暴對待新移民，讓我非常生氣。」

在連珠砲式的質詢下，一向以反應靈敏著稱的行政院長林全，一時竟啞口無言，愣在備詢台上，頓時講不出話來，這場景也成為媒體的報導焦點，讓我贏得了「立院小辣椒」的封號。

雖然推動六改四的過程困難重重，但努力總是有成效，經過我多次質詢、提案向行政部門反應，爭取放寬陸配到政府單位工作的限制，最後終於獲得時當時陸委會主委張小月的首肯，做出新的函示，陸籍配偶只要取得依親居留或長期居留資格，就可以應徵公家機關的約聘雇與學校臨時人員職缺，不必再苦等十六年，為爭取陸配權利立下了里程碑。

除了為陸配爭取權利，我也把握第一次總質詢，對小英團隊的新南向政策提出建言。我直截了當的建議林全院長：「各部會競相提出新南向政策，但內容非常空泛，到底能做什麼完全不清楚，更何況新南向政策辦公室設在總統府，立法院沒辦法質詢，根本是刻意逃避國會的監督。」

我建議民進黨政府，新南向政策要重視新移民二代的發展，在學校中增加東南亞語言課程，提供他們學習母語的環境，並且在寒暑假期或畢業後，協助他們返回東南亞母國實習，接觸更多東南亞文化，培養未來台灣南向政策的尖兵。

為了讓林全更有感，總質詢時我靈機一動，現場教林全講柬埔寨語的「謝謝」，還非常生動地解釋，柬埔寨語謝謝發音是「喔坤」，保證不會忘記，因為與象棋中的黑將，台語發音「黑軍」相同，林全當場笑出來，跟著我來了次柬埔寨語初體驗，更成了各媒體報導的焦點。

另一個我急著想為新移民爭取的福利，是讓居留未滿六個月，但已經懷孕的新移民配偶，也能納入健保。依照現行健保規定，取得居留身分者，必須在台居留滿六個月後，始可納入健保。這六個月看起來很短，但許多外配在原生國認識先生後，沒多久就已經懷孕，等待證件辦完來到台灣都已過七個月，卻還要再等半年才能納入健保。

相較之下，外籍移工入台第一天便可納健保，但懷著台灣孩子的陸、外配婦女卻不行，聽起來實在是很荒唐。給予新移民孕婦保障，等同給予未出世的孩子保障，因為孩子一旦出生就是台灣人，政府絕對有義務照顧，而許多胎兒疾病，更可藉由懷孕期早期發現、早期治療，如果缺乏醫療補助，反而可能造成胎兒的先天殘疾，政府日後勢必將付出比醫療補助更多的社會成本。

當時台灣對身處醫療空窗期的懷孕外配，只有十次的產檢補助，其他的醫療開銷要自費，這不僅有違人權保障，更因此造成不少人間悲劇。我自己曾處理過，新移民孕婦因為沒有健保，結果懷孕時不幸血崩，衍生龐大醫藥費，最後不但孩子沒保住，狠心的老公，還因不想負擔醫療費用，竟絕情的把老婆送回越南，差點就葬送一條人命。

我主張修改《全民健康保險法》，直接調整納保資格，讓已經懷孕的新移民婦女可以直接納入全民健保。在立院的四年間多次質詢，衛福部長陳時中曾坦言：「修法可以盡快，但通過會很久」，一語道出了其中的難處。其中要考慮的除了人道因素，還有公平性等諸多環節，陳時中也透露，此議題相關部會不斷討論，但如何拿捏頗費思量。

在我持續爭取下，相關部會同意，針對目前還沒納保但已懷孕的外籍配偶，其懷孕期間的緊急醫療支出，由內政部新住民發展基金來補助支應。我最後一次立院

總質詢時，陳時中部長答覆，一年預算大概需要三千多萬，補助的項目則與健保差不多，這數字對政府而言，只能算九牛一毛，絕對可以負擔。因此我不忘提醒蘇貞昌院長，政府以新住民發展基金補助新移民孕婦的相關醫療經費，只能算是權宜措施，因為新住民發展基金屬於特種基金，萬一被刪除，類似血崩孕婦被送回越南的悲劇，只怕仍會上演，政府還是要考慮修改健保規定，才是根本解決之道。

為何民進黨政府對外配納保如此保守？因為外配包含了陸配，這又挑動了綠營敏感的逢中必反神經。二〇二〇年韓國瑜競選總統時，曾採納我的建議，主張直接修法，針對懷孕外配取消等待期，透過法律位階給予新移民家庭更安心的保障，但卻被對手陣營渲染成打算讓所有的中國孕婦，都可以來台灣納保，誤導民眾台灣將複製大陸孕婦蜂湧進入香港的亂象，「奶粉買不到」、「產檢排不到」……不實謠言滿天飛，藉此引發國人反感、引起族群對立。一項立意良善的政策，竟然遭到如此抹黑，令人感慨萬千。

[9]

攻讀博士班——高票獲選優秀立委

進入立法院後，我還是沒放棄進修的機會，偶然間查閱立委福利的相關規定時，我意外發現立院竟然提供獎學金鼓勵立委繼續進修，但絕大多數立委忙著跑選區做基層服務，很少人申請，卻激勵了我更上層樓攻讀博士班的決心。

幾經評估後，我報考了暨南大學東南亞學系博士班，想要更了解柬埔寨之外的東南亞國家，針對東南亞各國的經

晚上下班，繼續博士班課程

濟、政治、文化等，做更廣泛的研究。回想考試前，確實曾有過掙扎，但我就是想回到校園念書，主要是因為就任立委後，總有忙不完的事、跑不完的行程，高度消耗思考與創造力，念書變成是另類抽離的方式，還能透過學習新知、產生新的靈感。放榜後，很幸運的錄取，我多年來在關懷社區老人、社區總體營造方面累積了許多實務經驗，博士班正好提供補足學術理論的機會。

議事攻防，把握時間在主席台下閱讀法案

為了念博士班，必須台北、南投兩地奔波，但我卻甘之如飴，而且打定主意，不急著要畢業，按自己可以的時間、喜歡的課程來做研究。一開始，我不確定自己能否順利畢業，但決定先做再說，歷經五年的堅持，我終於在今年初進行博士資格考，年中準備回柬埔寨寫博士論文，卻遇到新冠疫情來搗亂，中斷我的研究計畫，迫使我只能跨國和柬埔寨的相關智庫學者遠距交流，討論柬埔寨和東協區域議題，希望疫情盡快平息，博士論文就能順利進行，朝自己的理想邁進。

在立法院問政，儘管公務繁忙、行程滿檔，我沒忘記社會工作的初衷，每月仍抽出一天，到移民署彰化縣服務站擔任通譯志工，協助新移民洽公。難免有人會問，為什麼要這麼辛苦？我的想法很單純，並非要刻意吸引外界注意，只是因為做志工已經很多年，我知道在第一線服務可以親身了解新移民、移工所面臨的問題與困境，特別是以現有立委身分，更能經由第一線的經驗，客觀檢視政府立法與民意反應是否有落差。

擔任移民署服務站志工，進入第一線服務剛入境的移民，了解相關需求

立院偶爾會演出「全武行」，以往我只在電視上看過，沒想到進了議場，還真的親身經歷。原來問政不僅要動口，還可能得「動手」，而且第一次肉搏戰就掛彩進了醫院。二〇一六年十二月，為了處理「勞動基準法」修正案，國民黨立委一度占據主席台，不過到了下午，民進黨立委開始反撲，並以人數優勢攻上主席台，過程中雙方發生嚴重推擠，我為了與其他國民黨立委保衛主席台，和民進黨立委們

夜宿立法院，與同黨立委們一同排隊

立法院總質詢，爭取移民權益

發生拉扯，造成左手脫臼，當場痛徹心扉，只能搭上救護車到醫院就診。

值得欣慰的是，我雖然是立院新鮮人，但問政表現仍受到肯定，長期評鑑立委表現的「口袋國會」，原本都是以數據作為評鑑的依據，提出優秀立委的推薦名單，供各界參考。後來「口袋國會」改變了評鑑的方式，邀請主跑立院的記者，票選他們心目中的優秀立委，第九屆第二會期票選結果出爐，我榮膺國會記者票選最優質立委，在一一三席委員中，拿到第五高票，同時也是內政委員會委員十四席委員中的第一高票。問政的努力，能獲得近身的國會記者們肯定，是我不負民意與新移民朋友們所託的最佳賀禮。

進了立院之後，我總是行程滿檔，除了問政之外，又要當志工、念書，許多人很好奇，我要如何和十七、八歲的一雙兒女維繫感情？其實兒女都大了，反而不希望媽媽常黏著他們，倒是我得抓住機會和他們交流，只要工作忙完就趕快回家，盡量減少跑攤類的應酬行程。跟兒女相處，其實可以增長不少新知，當「寶可夢」**app** 流行時，看著兒子、女兒常低頭抓怪，讓我也很好奇，姊弟倆幫我下載、教我玩，從遊戲中促成親子對話。

即使假日有時必須跑行程，我也會嘗試著帶著兒女同行，讓他們知道媽媽到底在忙什麼。講公事時孩子跟著旁聽，剛開始或許會覺得無聊，但多多少少會從中接收一些熱門資訊與時事議題，成為另類的公民教育。回到家，我常會找時間和兒女討論時事議題，像喧騰一時的美牛進口、日本沖之鳥礁的漁權紛爭等，採用低度政治，搭配柔性說明，讓孩子了解並關心時事，最重要的是培養他們獨立思考的能

彰化站首創貼心多元服務
住民服務、自動售票機東南亞四國語言啓用」記者會

力，避免被媒體或社群所左右，不會盲目跟隨網路的風向走，對任何議題都能自己思考判斷。

比起機會教育，我更相信「寓教於樂」的效果，最喜歡利用假日帶著孩子們出遊，有一次飯店都訂好了，孩子們卻說下週要考試，反倒是我堅持出門：「考試平常心看待就好啦！」這招有點像欲擒故縱，打心理戰，我發現有時刻意降低標準，反而會激發孩子的自律心，學會重視設定的目標。適當的督促，也要搭配一定程度的放鬆，更要懂得別為孩子的未來設限，只期待他們能在歡樂的環境中成長，依照自己的興趣與專長，找到一生追求的方向。

我的美容專長，也成為促進親子關係的最佳潤滑劑；我們最親密的時刻，莫過於每週都會幫兒女做臉、清痘痘，孩子們躺在我的腿上，享受慈母貼心的呵護，邊清邊聊天，透過親密互動，親子感情無限提升。

立院四年的任期，我自豪完成了許多近乎不可能的任務，經由我努力的爭取，

推動火車站多語自動售票機，正式啟用後更能友善移民

台鐵靠站廣播多了新移民語，新移民多語通譯人員也順利進駐台鐵車站，未來可以協助更多的外籍旅客，來台旅遊時享受友善的交通環境。甚至我還推動通過了「新住民導遊檢定培訓計畫」，不僅輔助新移民就業，也為台灣觀光產業貢獻心力。

享受成果之餘，我也體認到政治領域的一些無可奈何，如果觸碰到兩岸議題，特別是涉及到意識型態的敏感神經，再多的努力，結果往往仍令人氣餒。以大陸來台學生比照外籍生及僑生納入健保體系，讓所有在台陸生享有一致醫療保障的「陸生納保」議題為例，在我多次呼籲下，閣揆林全也表態支持，二〇一六年十月總統府發言人曾說明：「基於人道考量與人權價值，中國大陸學生比照僑外學生納入健保體系」，該年十一月林全召開「行政立法協調會議」，決議請執政黨黨團提案修正健保法。但到了二〇一七年三月，就出現朝野立委無法達成共識的困境，二〇一六年四、五月明明已兩度排入討論事項，但始終無法進入實質審議，以至於我在第九屆立委任期內，都未能進入二、三讀程序。民進黨在立院有絕對人數優勢，如果行政部門真的有心通過，應該可以說服立院黨團，為何會如此遙遙無期，實在令人費解。

一分耕耘一分收獲，不見得適用於百變的政壇，二〇一九年國民黨下一任不分區立委名單定案時，我意外落榜了。名單公布時，我仍身在柬埔寨，為國民黨總統候選人韓國瑜選情四處奔走，卻遭到國民黨「放棄」，引起外界一片譁然，不少人紛紛為我抱屈，認為這形同是放棄了五十五萬個新移民家庭的選票。長期觀察我問政表現的政論名嘴，則以「心頭為之一酸」形容，在臉書上撰文分析：如果未提名林麗蟬的理由，是現任不分區不宜連任，為何同為第九屆的不分區優秀立委曾銘宗卻被提名？而且另一位被提名的李貴敏，也出現在前二屆的名單中，可見把機會讓給別人之說，根本是推託之詞，更離譜的是，國民黨不分區立委名單前十五名內，根本沒有安排任何一位新移民立委，此舉不只「放棄」林麗蟬一人，更是徹底放棄兩百萬新移民選票，二〇二〇總統大選投票時，將會有多少人因此放棄國民黨？

「惜蟬」的聲浪，甚至連對手陣營也有感受，在第九屆第八會期的最後一次總質詢，不同於以往火藥味濃厚的唇槍舌戰，媒體更驚訝我與一向口才便給的行政院長蘇貞昌之間，竟能有立院難得出現的溫暖對話。

我趁著最後一次總質詢的機會，再次提醒蘇揆關注懷孕新移民的補助計畫，蘇揆不但溫暖力挺，還說他聽過兩次質詢，很肯定我的用功與認真努力，國民黨下一屆不分區名單，應該將我繼續列入。蘇貞昌更感性的表態，為新移民打拚這條路不容易，社會還有哪些還未盡公允之處，大家一起來努力。就算不知道國民黨下一屆是否仍會提名不分區的新移民立委，只要是政策上可以許可的，都會尊重我的建言，盡量來做，嘉惠新移民。

四年的立院洗禮，我知道許多政治語言不能完全當真，但是與不同政黨的閣揆能有這番對話，讓我覺得多年的心血沒白費，透過努力不懈的奮鬥，真的能逐漸帶來改變，我要堅持自己的路，繼續走下去。

在擔任立委之餘，從事社服工作，則是讓我多了不少朋友，幫助新移民解決問題，更讓我感到快樂，支撐我在這條路上繼續奮戰。好心雖然有好報，但偶爾也會有挫折，讓我印象最深刻的，莫過於為了聲援陸配的工作權，在臉書轉貼法院判決，卻意外成了被告，而且一審竟敗訴，最後聲請再審亦被駁回，但判決文還了我公道，也引發法界不少討論。

我始終認為陸配要等六年才能取得身分證，比起其他外配要多二年，實在太過煎熬，而且沒有身分證，很難找工作，嚴重影響其工作權，雖然進了立法院後多次爭取，但民進黨政府始終不肯鬆綁。

二〇一八年六月初，我回到柬埔寨為國民黨縣市長拉票，爭取海外僑胞的支持。立法院辦公室同仁注意到一則判決，某位陸配應徵廚工，遭政府機關以其不具備中華民國國籍為由，通知取消面試。當事人遂提出就業歧視申訴，案經地方政府的就業歧視評議委員會認定本案就業歧視成立，而且還裁處該機關罰鍰十五萬元，該機關不服，多次向勞動部提起訴願，最後仍被駁回。

雖然訴願連續吃癟，該機關仍奮戰到底，提出行政訴訟，結果法官也站在陸配這一邊，在判決文中指出，徵才廣告列明報名資格限定應徵者須具備「中華民國國籍」，已構成就業服務法第五條第一項出生地之就業歧視。法官還認為，解除「出生地（含國籍）」的限制，讓當事人能順利就業，不僅可幫助其家庭經濟，解決社會問題，且可使其於工作過程中，增加對台灣社會之了解、溝通與融合，提升其對台灣之向心力，並促使台灣地區人民對大陸地區人民之了解，就台灣係海島型經濟，對外貿易居多，應採較開放之政策，而且就一般狀況而言，符合陸配條件之工作，亦較多為勞力性，正為目前工商社會人力所欠缺，亦不至於影響台灣地區人民之就業機會。

在立法院爭取許久的陸配權益，竟能受到法官的認同，同仁欣喜不已，於是在我的臉書上轉貼了法院的判決連結，由於判決直接寫明陸配姓名；文刊登後不久，陸配就在臉書上以化名留言，表示影響到生活和工作，因此要求刪文。同仁則認為發文前已詳實查證，確實有這件判決，而且連結也經法院公開，攸關陸配權益，才會決定轉貼。直到下午我得知此事，為了避免造成當事人困擾，立即請同仁將文章撤下。

但陸配仍決定提告，請求賠償十萬元精神慰撫金。當時我忙著助選，自認立場站得住腳，因此沒有請律師，全部委由同仁出庭，但法官審理後，同意陸配所述，遭到就業歧視一事若廣為人知，日後求職恐怕會更加困難，因此倍感精神壓力，認為我方未立即刪除貼文，以至於短時間內已遭轉貼，因此依個資法規定應負起損害賠償責任，判賠一萬元。

一萬元並非鉅款，如果能幫這位陸配度過難關，我也願意傾囊相助；但法院的判決茲事體大，引發法界的熱議，如果轉貼判決連結，都可能觸犯個資法，那各行業都可能動輒得咎，在友人建議下，我決定提出上訴。

有了一審敗訴經驗，我不敢大意，聘請了律師，期盼在二審能伸張正義，但上訴提出後，律師卻陰錯陽差，未能在期限內補呈上訴理由書，以致被法院駁回。為了尋求最後救濟管道，律師提出了再審之訴，但法院對再審的標準很嚴格，據統計，能通過的不到百分之一，我的再審案雖然被駁回，但法院在判決理由中，卻還給我公道，載明了轉貼判決連結，並不侵犯個資法。

在臉書「法官翻轉司法群策會：找回人民的司法」就評論我的案件，認為法院判決經司法院網站公開者，屬於已合法公開之個人資料，應該可供公眾以特定目的加以利用。依據該案在我方提起再審之訴後，法院雖予以駁回，但卻認為「林麗蟬引用已公開之系爭判決，並不構成侵犯再審被告之個人資料，依法不負賠償責任」，也就是說我在臉書轉貼法院公開判決應賠償的理由，已經被廢棄改判了。

這件突如其來的官司，並未澆熄我服務新移民的熱情，但也讓我上了一堂寶貴的司法課，面對任何訴訟，都要審慎因應，考慮聘請律師維護自己的權益，一個判決可能造成所有人的困擾，怎能不謹慎！

[10]

我一生的使命——組織智庫規劃台灣的移民政策

離開立法院後，我對於新移民的相關議題依然非常關心，所以經常四處演講，每一次主持人開場時，總會鉅細靡遺介紹我的頭銜、學經歷，並不忘細述我從事社服工作的成就，在立法院的問政表現等等；但我常對朋友說：「當選十大傑出青年，並成為第一位新移民身分的立委，這些都是對我工作表現的讚美，但我最引以傲的，是能夠以身作則，教養一對子女，讓他們健康成長且有著好人緣，因為他們都是很溫暖又富有同理心的孩子。到現在，我們親子的感情仍像無話不談的好朋友，如果有機會，我也樂於分享心得，來協助新移民姊妹們，克服教養子女的難題。」

我的長女因為從小運動細胞超好，所以被校長點名要求加入網球隊，小學六年級就搬離開家，跟著球隊一起在外住宿，方便練球並進行訓練。孩子還沒上國中就離家，許多家長難免牽腸掛肚，我卻以女兒的獨立自主為榮。年紀稍長後，她有幸獲選出國參加比賽，為了省下機票費用，她不需要家長甚至教練陪同，經常一人成行，背著比她還高的球袋、拖著沉重的行李，就到異國比賽，即使沒有直飛班機，

[10] 我一生的使命

組織智庫規劃台灣的移民政策

中途轉機也都沒出過差錯。

有次她到泰國出賽，碰上了對手的家長剛好是泰國華僑，且也是潮州鄉親，我從小訓練兒女講的潮州話派上了用場，兩人用母語聊得格外開心，難得他鄉遇故知，華僑家長慷慨邀請來自台灣的小球員們，賽後到當地知名餐廳打牙祭，全隊大快朵頤之餘，莫不讚揚女兒球技好，語言能力又強，到了海外還能做國民外交，堪稱是最佳親善大使。

高中畢業後，女兒決定出國深造，繼續在網壇發展，我也大力支持。大多數小孩出國留學，父母都要為學費傷腦筋，若是攻讀碩博士，或許還能有獎學金或兼職助理的機會賺點生活費，但念大學幾乎都要靠家裡金援。女兒不想依賴父母，反而憑著自己的努力，取得大學的全額獎學金，不但學雜費全免，還有租屋、伙食、服裝津貼，她租房時精打細算，剩餘的房租津貼，還可以存下來當零用金。

女兒遺傳我的勤奮基因，趁課餘到俱樂部兼差教網球，教練費就足以讓她在美國不愁吃穿，完全不用向家裡伸手。由於從小跟著我從事社區公益活動，到了美國，她懂得飲水思源，利用寒暑假期間，免費教社區弱勢兒童與居民網球，報答美國社會對她的栽培，讓我很欣慰。

除了網球，女兒對攝影也很感興趣，我在立法院期間，以網球交友，結識了不少媒體記者；女兒回台時，偶爾也會參加我們的球敘，攝影大哥知道她喜歡拍照，還特別整修了二手單眼相機，讓她帶回美國獵取精彩畫面。她熱愛拍人像，中意黑人網球選手的深邃輪廓，原本想以此為主題，進行系列攝影，但還挪不出時間，倒是義務幫當地的台灣家庭拍了不少好照片，累積了好口碑，也展現了她在網球之外的第二專長。

轉眼間，女兒就要升大四，她今年三月返台探親——並非被美國疫情嚇到才回台避難，而是她已經打定主意，畢業後要留在美國攻讀碩士，取得文憑後謀職，明年暑假可能就要開始上班，因此提前回來享受天倫之樂。

女兒主修運動，專長是網球，這在台灣應該算冷門，我曾問她，這樣條件能在美國就業嗎？沒想到，她很有自信的告訴我：「媽，我有信心，肯定沒問題。」我欣喜之餘，期待她能結合工作與興趣，留在美國一展所長，或許有朝一日能成為網壇另類的台灣之光。

女兒活潑外向，充滿運動細胞，兒子卻是完全不同的類型，似乎很有生意頭腦。他往小就懂得精打細算，上夜市寧可跟姊姊同坐一部玩具車，把銅板存起來當零用錢。國中時，帶他到柬埔寨省親探望外婆，順便學習柬埔寨語，其間帶他去經營網購的好友公司參觀，他不但不覺得無聊，還頻頻提問，例如商品託售上架費多少？利潤如何拆帳？小小年紀竟然這麼專業，讓好友大為吃驚，索性告訴他：「如果是你的商品要上架銷售，絕對給你最優惠價。」

兒子上大學後，念的是園藝系，馬上學以致用，販售園藝資材及仙人掌為主的多肉植物盆栽賺外快，由於比一般室內植物容易照顧，是店家公司開幕相當討喜的禮品，由於口碑佳，常常有老顧客下單，也讓他多了不少存款，幾乎沒向我們拿過生活費。

更令人驚奇的是，兒子從小就無師自通，做得一手好菜。國中時，老公買了一大袋明蝦，我還在思索要如何料理，他就接手挑出蝦子的沙腸，再鋪上乳酪片，放進烤箱後，做出一道焗烤明蝦，讓全家大快朵頤了一餐。

不論兒子或女兒，跟我相處的感覺更像朋友，二〇二〇年一月，我好不容易考完博士班資格考，從早上九點進考場，一路拚戰到下午五點，我想用手寫作答，教授卻鼓勵我直接用電腦打字，這對來到台灣才學中文的我是一大挑戰，考場裡其他考生，全都以飛快的速度敲打鍵盤，滴滴答答的打字聲，對我更形成沉重壓力，也因為打字速度慢，總覺得答題不完整，未能暢所欲言，心情難免沮喪，走出考場時，整個人幾乎虛脫。

打開手機時，立刻映入眼簾的，是兒女關心的訊息：「考得怎樣啊？」我回了一個哭臉，兒子立即傳訊：「盡力就好，別想太多，趕緊回去睡覺吧。」女兒也說：「在我心目中，你永遠是最棒的！」讓我原本低落的心情為之一振。這樣安慰打氣的對話，通常是父母對兒女說，沒想到我卻有幸讓兒女貼心呵護，能有這樣的情感連結，是從小累積的結果，也讓我格外想與新移民的姊妹們，分享親子的教養經驗。

目前全台灣約有五十六萬多對婚姻移民（含陸／外配）、近四十萬名「新二代」，根據內政部人口統計，二〇一六年國小一年級的虎年新生，父母其中一方非本國籍的約有八・七％，也就是每十一位小一新生，就有一位是外配子女，而且人數呈現逐年穩定上升的趨勢。

婚姻移民若依地區統計，以陸配居首，其次是越配，接下來是泰國、印尼、馬來西亞……等東南亞國家，尤其是東南亞的「新移民子女」，因為父或母對中文不熟悉，無法對兒女提供適當的輔導，有時在功課上相對辛苦。政府現在正如火如荼的推行南向政策，而台灣有大批英、日語人才，教授歐洲語系法、德、西、俄……等語文的大學也不少，唯通曉東南亞各國語言的人才，由於早期無配套的教育機構，因此好手難尋，為了從小扎根，培養南向人才，政府在二〇一四年公布的一〇七課綱中，於本土語言的課程同步增加了東南亞語言的選項，國小列為必選修，國中則列選修，但連合適的師資都不易安排。

二〇一四年我擔任行政院青年顧問團時提出來的「新住民二代培力」計畫，在當年行政院毛治國院長的支持下推動，強化新移民以語言及文化鏈結婆家與娘家聯繫，透過新住民二代培力試辦計畫，鼓勵新移民子女利用寒暑假回到（外）祖父母家進行家庭生活、語言學習與文化交流及企業觀摩的體驗，並於返台後分享相關成果，以利學習交流，培育多元化人才的種子，以其母語及多元文化優勢接軌國際，拓展國家發展的新視野；至今，已經有上千人參與這個計畫，我也在台中廣播開設「二代新優勢」節目單元，讓每一位回國後的孩子可以到廣播電台來分享，很多孩子知道這個計畫的發起人是我，他們常問：「阿姨，『新住民二代培力』計畫有2.0版嗎？」

從優勢的觀點切入，新移民的下一代，的確是可以協助台灣連結世界經濟和在地人際網絡的契機，這四十幾萬的青年都擁有跨文化的「移民人才」，是國力的延伸，跨國企業與跨國人才，是出口型貿易導向的台灣，確保未來國際競爭力的重要資產。不管是從弱勢輔助，到優勢培力，政策都必須要與時俱進，公私協力，定期調整，我也會繼續投入移民政策的研究與推行。

隨著科技的進步，親子互動模式在改變，也讓很多現代父母不知該如何扮演自己的角色，親職／親子教育的課題中，該怎麼學習當父母？相同的問題一樣出現在新移民的親子教育上，這比本國人的親子教育更難；我曾遇過月入二萬多元的姊妹，省吃儉用卻要給孩子買最高檔的手機，等於是她兩、三個月的收入。問她為何要這樣寵孩子？答案是，家裡已經算是弱勢了，不想讓孩子因為手機比不上別人，被同儕排擠，甚至有自卑感。以打腫臉充胖子的方式，建構孩子的虛榮，已嚴重扭曲了親子間正常的互動，但要如何讓新二代以自己的出身為榮，不因家庭的經濟條件而喪志，反而更奮發向上，是許多新移民家庭急欲了解，卻不得其門而入的議題。

即使經濟情況富裕的姊妹，也未必可以高枕無憂。許多新移民的姊妹，到台灣時忙著打拚事業，小孩交給公婆，甚至送到國外給外公、外婆照顧，等孩子上了小學甚至國中，可以自理時才接回自己身邊，這種隔代教養的模式，由於子女小時候常看不到爸媽，彼此有疏離感，接回家後，就算生活在同一個屋簷下，親子間往往成了「最熟悉的陌生人」。

我曾經協助的一位姊妹就是如此情況，女兒小時候沒有帶在身邊，等她事業有成後，買得起豪宅與名車，興高采烈讓心肝寶貝回家團圓，卻發現是惡夢的開始。

由於從小缺乏互動，母女見面幾乎沒有共同話題，女兒對自己的外表有自卑感，加上正值叛逆期，就算媽媽能給她良好的生活環境，母女的關係還是形同水火，媽媽覺得完全無法管教，經常怨嘆自己是為誰辛苦為誰忙？

對於這樣的案例，我除了分享自身的經驗外，通常還會找專家學者的文章，提供給他們參考。洪蘭教授發表的親子系列專文，例如〈不必幫孩子找興趣，他自己會告訴你！〉、〈不要讓孩子怕你，教養孩子是藝術，請用欣賞的眼光看待你的孩子〉、〈別滑手機了！親子共讀能提升孩子的專注力〉，我看了之後深受啟發，也經常推薦給新移民姊妹們，許多人都覺得受益匪淺，對解決孩子的教養問題頗有助益。

當然其中還是有不少插曲，有些新移民姊妹嫁到台灣時，跟我一樣完全不懂中文，時間久了，雖然國語聽力與口語表達能力已可因應日常所需，但看中文字還是很吃力，洪蘭教授的文章雖然精彩，她們卻未必能看懂，我靈機一動，在 Youtube

上搜尋洪蘭教授演講的影片，提供給新移民姊妹觀看，也能達到同樣的效果，因此頗受好評。

我花大量心力，投入新移民事務，因為台灣已經邁入移民社會，經由「婚姻移民」定居台灣的新移民，將是推動台灣未來成長的重要動力。台灣人口老化問題嚴重，已邁入高齡化社會，根據內政部戶政司統計，二〇一九年出生人數跌破十八萬人，是十年來生育的最低點，而且出生數只比死亡數多出一四七一人。根據國發會資料顯示，亞洲各國總生育率普遍低迷，日本與新加坡為一・三六人與一・一四人，台灣與香港為一・〇五人、韓國則為〇・九二人，台灣的出生率應該是全球倒數第二名。

台灣年輕人傾向晚婚晚生或不婚不生；數字顯示，新移民配偶已成為支撐台灣未來人口成長的主力，二〇一九年六月的統計，在台的新移民配偶人數達到五十四・九萬人，代表近五十五萬個家庭，若以全台總戶數八八三萬戶推算，等

20.99 x 29.70 公分
投影片 1 / 53
開始

於每十六個家庭中，就有一戶為新移民配偶。其中以大陸籍為主，其次為越南籍。然而大陸籍配偶占比較過去減少二％，越南籍配偶占比則逐漸增加。二〇一八年國人與大陸籍配偶結婚對數為六九四四對，占三十三・七％，包含越南在內的東南亞籍配偶，在二〇一八年增為八七四九對，占四十二・五％，不但超越大陸，較二〇一二年增幅更達八十二・九％。像我一樣來自東南亞的新移民配偶，已經成為台灣不可忽視的珍貴資產。

再以新移民配偶的新二代來分析，一〇八學年各級學校新移民子女學生數合計三十一・二萬人，占全體學生總數的七・四％；台灣面臨少子化的困擾，出生率一路下滑，觀察近五學年間變化，新移民子女學生人數，增加三・八萬人，增幅達十四％；占全體學生比率則增加一・六％，均呈逐年遞增趨勢，新二代對台灣未來的重要性不言可喻。

值得注意的是，新移民配偶由於語言等先天條件的限制，對子女的教養與功課輔導，往往感到極為困擾與無力；社福團體的調查顯示，高達八成的新移民配偶表示不知如何輔導子女課業，這也讓新二代備受輸在起跑線上的壓力，該如何解決，已成為政府刻不容緩的議題。

除了五十五萬的外配家庭外，台灣更有約八十萬名持有外僑居留證的移工，擔任看護工、工廠作業員等工作，在每個角落支撐起台灣經濟，當然也衍生逃跑外勞等問題，這些都需要明確的移民政策來解決。在立法院期間，我曾經到澳洲考察，觀摩政府與民間單位如何制定移民政策，引進澳洲急需的國外人才，強化國家競爭力。

不論日後是否重回政壇，我的志向都是結合民間資源，成立台灣移民政策研究基金會和智庫，聽取各方意見，與學者合作提出相關移民政策的論述供政府參考，並爭取民意代表的支持，立下政策後大力推動執行，打造台灣成為人才的熔爐，讓來自全球的新移民，都能在此安居樂業，一展所長。

PEOPLE 473

新台灣精神：林麗嬋從柬埔寨到台灣的文化融合與在地耕耘

口　述—林麗嬋
採訪撰稿—李　麟
照片提供—林麗嬋
責任編輯—廖宜家
主　編—謝翠鈺
資深企劃經理—何靜婷
美術編輯—張淑貞
封面設計—職日設計 Day and Days Design

董事長—趙政岷
出版者—時報文化出版企業股份有限公司
一〇八一九台北市和平西路三段二四〇號七樓
發行專線—（〇二）二三〇六六八四二
讀者服務專線—〇八〇〇二三一七〇五
（〇二）二三〇四七一〇三
讀者服務傳真—（〇二）二三〇四六八五八
郵撥—一九三四四七二四時報文化出版公司
信箱—一〇八九九　台北華江橋郵局第九九信箱

時報悅讀網—http://www.readingtimes.com.tw
法律顧問—理律法律事務所　陳長文律師、李念祖律師
印刷—勁達印刷有限公司
初版一刷—二〇二一年十一月五日
定價—新台幣三二〇元

新台灣精神：林麗嬋從柬埔寨到台灣的文化融合與在地耕耘／林麗嬋口述；李麟採訪．撰稿．-- 初版．-- 臺北市：時報文化出版企業股份有限公司，2021.11
面；　公分．-- (People ; 473)
ISBN 978-957-13-9556-2（平裝）

1. 林麗嬋 2. 臺灣傳記 3. 新住民 4. 立法委員

783.3886　　110016523

ISBN 978-957-13-9556-2
Printed in Taiwan